Comer como um Frade

Frei Betto

Comer como um Frade

DIVINAS RECEITAS

PARA QUEM SABE

POR QUE TEMOS

UM CÉU NA BOCA

8ª edição

JOSÉ OLYMPIO
EDITORA

Rio de Janeiro | 2015

© FREI BETTO, 2002

Contatos com o autor:
Fax: (0055 21) 2286-9188 • e-mail: mhpal@terra.com.br

Reservam-se os direitos desta edição à
EDITORA JOSÉ OLYMPIO LTDA.
Rua Argentina, 171 • 3º andar • São Cristóvão
20921-380 • Rio de Janeiro, RJ • República Federativa do Brasil
Tel.: (21) 2585-2060
Printed in Brazil / Impresso no Brasil

Atendimento e venda ao leitor:
mdireto@record.com.br ou (21) 2585-2002

ISBN 978-85-03-00761-0

Preparação dos originais:
Maria Helena Guimarães Pereira

PROJETO GRÁFICO, DIAGRAMAÇÃO E CAPA:
Luciana Mello & Monika Mayer

CIP-Brasil. Catalogação no fonte
SINDICATO NACIONAL DOS EDITORES DE LIVROS, RJ.

B466c
8.ed.

Betto, Frei, 1944
 Comer como um frade : divinas receitas para quem sabe por que temos um céu na boca / Frei Betto. – 8.ed. – Rio de Janeiro : José Olympio, 2015

ISBN 978-85-03-00761-0

1. Culinária.
I. Título.

14-0689. CDD 641.5
 CDU 641.5

Entrada

Gosto de cozinhar desde que me entendo por gente. Escoteiro, improvisei meus primeiros pratos em acampamentos. Na falta de apetrechos mais adequados, coei café na meia e preparei arroz "unidos venceremos", derrotado diante do irrefreável apetite adolescente.

No Rio, no início da década de 1960, morei numa república de estudantes cuja fome superava, e muito, os recursos disponíveis para comprar alimentos. Aprendi a fazer farofa, multiplicar a quantidade de feijão sem incluir novos grãos e cortar carne como se fosse salame para que ninguém ficasse sem bife.

Minha mãe, Maria Stella Libanio Christo, é autora do clássico *Fogão de lenha – 300 anos de cozinha mineira* e de mais seis livros de culinária, entre os quais aquele que redigimos a quatro mãos: *Fogãozinho – culinária infantil em histórias para as crianças aprenderem a cozinhar sem usar faca e fogo*. Ela entrou com as receitas, e eu, com as histórias infantis.

Preso político sob a ditadura militar, tive oportunidade de aprimorar os dotes culinários herdados dela. Mamãe enviava as receitas por carta, as visitas levavam os ingredientes e, na cela, a nossa criatividade era despertada pela falta de melhores recursos e graças à participação de outros cozinheiros amadores. Num pequeno fogão elétrico de quatro bocas cheguei a preparar refeições para cinquenta companheiros. O que exigia trabalhar toda a madrugada para, ao meio-dia, garantir o almoço.

Em Vitória, durante cinco anos, fui o cozinheiro da comunidade. A proximidade do mar familiarizou-me com peixes e crustáceos. Desde então, corri mundo e provei os mais saborosos e estranhos pratos. Descrevi-os num de meus livros, cujo índice é um cardápio: *O paraíso perdido – nos bastidores do socialismo* (Geração). Nada, porém, que superasse a comida caseira de Minas, simples, variada, farta e apetitosa.

Há quem me acuse de ter complexo de Édipo. Não é verdade. Não tenho complexo. Sou o próprio. A diferença é que, antes, dona Stella era a mãe do filho. Depois do sucesso de seus livros de culinária, passei a ser o filho da Stella.

Agradeço aqui o carinho e a paciência dela em conferir estas receitas, pois tive a ousadia de introduzir pequenas modificações em pratos que me ensinou. Mas nem todas as receitas reunidas nesta obra aprendi com ela. Tive também outros mestres e ousei inventar uns tantos pratos, pois gosto de improvisar. Nada mais parecido com a cozinha do que um laboratório, onde a mistura de porções produz resultados surpreendentes.

De minha mãe recebi o saber e o sabor da culinária. Saber, como ensina Nietzsche, é a forma verbal do adjetivo "sábio", que vem do latim *sapio* (eu saboreio) e *sapiens*, que também significa "o degustador". Em grego, *sisyphos*, "o homem de gosto apurado". Enfim, saber é saborear, como bem sabe quem saboreia o que sabe.

Epicuro, em *A conduta na vida*, observa que "as iguarias mais simples proporcionam tanto prazer quanto a mesa mais ricamente servida, sempre que esteja ausente o sofrimento causado pela necessidade". Por isso, selecionei para este livro receitas de apurado sabor e fácil preparo. Nada que inclua temperos ou ingredientes que exijam gastos excepcionais em lojas de produtos sofisticados.

 Minha intenção é facilitar a vida de quem pretende receber amigos para almoçar ou deseja preparar um jantar de muito bom gosto com o que pode ser encontrado na feira ou no supermercado da esquina.

 Na Bíblia, busquei o alimento para o espírito, pois "nem só de pão vive o homem". MATEUS 4, 4

Bom apetite!

Frei Betto

SUMÁRIO

Delícias da Terra

14	Angu dos Peregrinos
16	Batata Rainha do Céu
18	Canapés Pascais
20	Caruru à São Sebastião
22	Cuscuz à Oração Matinal
24	Empadão São Clemente
26	Feijão Angelical
28	Feijão do Frade
30	Feijão Tropeiro à São Benedito
32	Fusilli à *Corpus Christi*
34	Pão de Queijo Maria Madalena
36	Pão de Queijo Reis Magos
38	Pirão de Espinafre à Madre Abadessa
40	Purê Mistérios Gozosos
42	Quibe à Carmelitas Descalças
44	Risoto aos Reis Magos
46	Sopa Dominicana
48	Suflê à Teólogo Boff
50	Suflê de Nuvem à Virgens Prudentes
52	Suflê Monacal de Alho-poró

Delícias da Carne

56	Canjiquinha à Venerável Stella
58	Carne Gregoriana
60	Carne-seca à Santa Bárbara
62	Coelho à Bodas de Caná

SUMÁRIO

64	Estrogonofe à São Jorge
66	Estrogonofe ao Arquimandrita
68	Feijoada à Ceia dos Cardeais
70	Rabada ao Vinho do Abade

Delícias do Mar

74	Bacalhau à Santa Clara
76	Bacalhau à São Francisco
78	Bacalhau Caminho de São Tiago
80	Bobó de Camarão aos Santos Guerreiros
82	Camarões à Ceia dos Apóstolos
84	Camarões à Jericó
86	Camarões ao Queijo à Nossa Senhora Aparecida
88	Camarões do Rei Davi
90	Camarões Natalinos
92	Camarões na Abóbora à Santa Isabel
94	Peixe Assado à Sábado de Aleluia
96	Peixe à São Pellegrino
98	Peixe com Brócolis à São Pedro
100	Peixe Pascal ao Vinho
102	Pescadinha às Santas Ervas
104	Suflê de Bacalhau ao Divino Espírito Santo
106	Truta ao Mestre Eckhart
108	Truta à Santa Matilde
110	Truta à São Nicolau
112	Truta à Todos os Santos

SUMÁRIO

Delícias do Ar

116	Consomê de Ovo Ortodoxo
118	*Coq au Vin* à Belém
120	Frango à Beata Diana de Andaló
122	Frango à Noviça Gulosa
124	Frango à Santa Genoveva
126	Frango à Santa Teresa de Ávila
128	Frango à São Jerônimo
130	Frango à São João da Cruz

Delícias do Açúcar

134	Bolo Cremoso à Pastoral Operária
136	Bolo São Tomé
138	*Mousse* de Fruta ao Arcanjo Gabriel
140	*Mousse* de Laranja ao Céu da Boca
142	Ovos Nevados à Santa Helena

Revelações

146	Mistérios Gloriosos
150	Mistérios Gozosos

Delícias
da
Terra

ANGU DOS PEREGRINOS

"Assaram os cordeiros pascais na brasa, de acordo com a regra, e cozinharam em panelas, caldeirões e caçarolas os outros alimentos sagrados, e levaram rapidamente para toda a gente do povo."

SEGUNDO LIVRO DAS CRÔNICAS 35, 13

Pobres de recursos e ricos de fé, peregrinos e romeiros necessitam de alimento barato, de fácil preparo, porém quente o suficiente para agasalhá-los na caminhada.

Para preparar esta "comida suculenta e gostosa", como exclamava Debret, basta ferver três copos d'água ou de leite numa panela. Fervida a água ou o leite (e não o copo!), despeje com a mão, lentamente, o fubá, polvilhando e, com a outra mão, mexa com uma colher de pau, evitando encaroçar, até adquirir a consistência desejada.
Se encaroçar, bata no liquidificador.
Acrescente sal a gosto. Se quiser, uma colher de chá de manteiga.
Ao ficar consistente, ponha-o numa forma. Quando estiver firme, vire-o na travessa que vai à mesa.

SUGESTÃO: Excelente prato para se fazer acompanhar de quiabos e carne moída. Muito apreciado como complemento ao feijão, dispensando o arroz.

De origem angolana, o angu foi introduzido em nossa mesa pelo bom gosto dos escravos.

INGREDIENTES

água ou leite
fubá
sal
manteiga *(opcional)*

Diariamente, todos juntos frequentavam o Templo e nas casas partiam o pão, tomando alimento com alegria e simplicidade de coração.

ATOS DOS APÓSTOLOS 2, 46

BATATA RAINHA DO CÉU

Para quatro comensais

"Nesse dia, as montanhas gotejarão vinho novo, das colinas escorrerá leite, e a água correrá em todos os riachos de Judá. Do templo de Javé brotará uma fonte que irrigará o vale das Acácias", promete o Senhor, pela boca do profeta, aos que confiam em Suas promessas.

JOEL 4, 18

Enquanto aguardamos confiantes a realização das promessas de Deus, podemos preparar esta receita simples, saborosa e nutritiva, que faz o nosso conhecido tubérculo, de origem latino-americana, provavelmente inca, merecer o título de "rainha do céu" – da boca!

Lave meio quilo de batatas e deixe-as cozinhar com casca, afogadas em água. Afogue também uma colherinha de café de sal.
Quando a água ferver, reduza o fogo ao mínimo. Afinal, a economia é a saúde do bolso, como a moderação à mesa favorece a saúde do corpo.
Quando os dentes do garfo penetrarem macio nas batatas é sinal de que estão prontas.
Desnude-as, retirando inclusive as pintas escuras, e corte em rodelas não muito finas.

À parte, unte uma vasilha refratária com uma mistura de manteiga ou margarina e três dentes de alho, triturados com sal.
Distribua pelo fundo da vasilha uma camada de batatas, polvilhe com sal e uma colherinha de café de cominho em pó. Espalhe por cima uma cebola grande picada (ou em rodelas, se preferir). Cubra com a segunda camada de batatas. Regue com meio copo de leite. Salpique ervas de Provence.
Leve ao forno quente e deixe por quinze minutos.
Retire e cubra com meio copo de requeijão e cinquenta gramas de parmesão ralado. Volte ao forno por mais vinte minutos.

SUGESTÃO: Sirva com arroz e/ou salsichões.

COMER COMO UM FRADE

INGREDIENTES

batata
sal
manteiga ou margarina
alho
cominho em pó
cebola
leite
ervas de Provence
requeijão
parmesão

Todo o trabalho do homem

é para comer e,

no entanto,

seu apetite

nunca fica satisfeito.

ECLESIASTES 6, 7

CANAPÉS PASCAIS

*"Dias virão" – oráculo do Senhor Javé – "em que vou mandar
a fome sobre o país: não será fome de pão, nem sede de água,
e sim fome de ouvir a palavra de Javé."*

AMÓS 8, 11

Quem se sacia de alimentos não deve deixar de se nutrir da palavra de Deus.

Estes canapés parecem hóstias. Uma festa para o paladar. Tão delicados que não reduzem o apetite.

Tenha à mão torradas, queijo cremoso, azeitonas verdes, presunto e *mozarela*. As torradas podem ser feitas com fatias de pão de forma cortadas em dois ou quatro pedaços.

Passe queijo cremoso em cada torrada e por cima coloque presunto picado com duas ou três lâminas de azeitona. Cubra com um quadradinho de *mozarela*. Leve ao forno quente, e deixe até que a *mozarela* derreta. Sirva imediatamente.

INGREDIENTES

torradas
queijo cremoso
azeitona verde
presunto
mozarela

Quem não quer trabalhar

também não come.

• • • • • • • • • •

SÃO PAULO,
NA SEGUNDA CARTA
AOS TESSALONICENSES 3, 10

DELÍCIAS DA TERRA

CARURU À SÃO SEBASTIÃO

*"Ainda que a figueira não brote e não haja fruto na parreira;
ainda que a oliveira negue seu fruto e o campo não produza colheita;
ainda que as ovelhas desapareçam do curral e não haja gado nos estábulos,
eu me alegrarei em Javé e exultarei meu Deus, meu salvador",
canta o profeta, demonstrando que não só na bonança devemos dar graças a Deus.*

HABACUC 3, 17-18

Soldado, São Sebastião – que dá nome à bela cidade do Rio de Janeiro – iria gostar deste prato de origem africana. É de fácil e rápido preparo e muito nutritivo.

Coloque numa frigideira uma colher de óleo ou azeite, três cebolas em rodelas, dez gotas de molho de pimenta vermelha, um tablete de caldo de carne, sal a gosto e uma colher de sopa de *curry*.
Quando o tempero estiver bem refogado e o tablete de caldo de carne desmanchado, junte meio quilo de quiabos, cortados em rodelinhas. Acrescente umas gotas de limão. Deixe em fogo lento.

Sobre esse manjar dos deuses, repouse duzentos gramas de camarões médios ou pequenos, desnudos (ou quatro camarões por comensal), e pique, por cima, quatro castanhas-do-pará. *(Veja em "Mistérios Gloriosos" como limpar camarões.)*
Adicione coentro e cebolinha picados.
Mexa e deixe em fogo baixo por quinze minutos.

SUGESTÃO: Sirva com ou sem arroz.

INGREDIENTES

óleo ou azeite

cebola

molho de
pimenta vermelha

tablete de caldo de carne

sal

curry

quiabo

limão

camarão

castanha-do-pará

coentro

cebolinha

Um *acredita que pode comer de tudo;*

outro, sendo fraco, só come legumes.

Quem come de tudo

não despreze quem não come.

E quem não come

não julgue aquele que come,

porque Deus o acolhe assim mesmo.

ROMANOS 13, 2-3

CUSCUZ À ORAÇÃO MATINAL

Para dois comensais

"E Deus disse: 'Vejam! Eu entrego a vocês todas as ervas que produzem semente e estão sobre toda a terra, e todas as árvores em que há frutos que dão semente: tudo isso será alimento para vocês.'"

GÊNESIS 1, 29

Todo alimento é dom de Deus à nossa vida.

Feito de grãos da terra, este alimento desmancha na boca. É uma pena que um prato tão saboroso fique restrito ao Nordeste ou aos nordestinos que se espalham pelo país. Vale prová-lo.

Ponha numa panela cinquenta gramas de fubá. Acrescente uma colher de sopa cheia de manteiga ou margarina e outra repleta de açúcar. Leve ao fogo brando, mexendo e adicionando um copo de leite.

Se ficar muito consistente, ponha mais leite. Quando estiver quente e úmido, sirva.
Se secar até chegar à mesa, aí mesmo ponha um pouco mais de leite. Pode-se também regá-lo com mel.

SUGESTÃO: Se preferir, substitua o açúcar por sal, como é costume em algumas regiões do Brasil.

INGREDIENTES

fubá

manteiga ou margarina

açúcar

leite

Meu filho, coma mel,

pois o mel faz bem.

Assim como o favo de mel

é doce na sua língua,

assim também a sabedoria é boa

para a sua alma.

PROVÉRBIOS 24, 13-14

EMPADÃO SÃO CLEMENTE

Para quatro comensais

*"Pegue também um pão, um bolo untado em azeite
e uma broa da cesta dos pães sem fermento que está diante de Javé."*

ÊXODO 29, 23

Assim como oferecemos uma refeição para agradar ao amigo, no Antigo Testamento também os hebreus o faziam para louvar a Deus.

Este prato é um repasto de anjos. Dispensa acompanhamentos, como arroz e feijão.

Coloque no copo do liquidificador, nesta ordem, os seguintes ingredientes: uma xícara de chá de leite, outra de farinha de trigo, um quarto de xícara de óleo de soja, três ovos, uma colher de sopa de fermento em pó e outra de queijo parmesão ralado. Bata bem.

Despeje a metade num tabuleiro polvilhado com farinha de trigo.

Por cima, espalhe o recheio devidamente picado: cem gramas de presunto, cem gramas de *mozarela*, três tomates sem sementes e duas cebolas médias.

Cubra com o que resta no liquidificador. Pincele por fora com gema de ovo e leve ao forno quente. Deixe até dourar.

INGREDIENTES

leite
farinha de trigo
óleo de soja
ovo
fermento em pó
queijo parmesão
presunto
mozarela
tomate
cebola
sal

Por acaso a fé poderá salvá-lo?

Por exemplo: um irmão ou irmã

não tem o que vestir

e lhe falta o pão de cada dia.

Então alguém de vocês diz para ele:

"Vá em paz, se aqueça e coma bastante."

No entanto, não lhe dá o necessário para o corpo.

Que adianta isso?

Assim também é a fé:

sem as obras, ela está completamente morta.

TIAGO 2, 14-17

— DELÍCIAS DA TERRA

FEIJÃO ANGELICAL

Para quatro comensais

"Ai daqueles que madrugam procurando bebidas fortes e se esquentam com o vinho até o anoitecer. Em seus banquetes eles têm harpas e liras, tambores e flautas, e vinho para suas bebedeiras; e ninguém presta atenção na atividade de Deus, e ninguém vê o que a mão Dele faz", alerta o profeta.

ISAÍAS 5, 11-12

Devemos agradecer ao Senhor pelos bens recebidos e retribuir com justiça e moderação.

Eis aqui um saboroso e singelo prato de verão, espécie de feijoada de legumes:

Cozinhe meio quilo de feijão-jalo ou manteiga, "ao dente", sem deixar os grãos desmancharem.

Numa peneira ou vasilha de escorrer macarrão, descarte o caldo, conservando os grãos.

À parte, derrame em uma frigideira ou panela meio copo de água e cozinhe dois talos de alho-poró, cortados em rodelas finas. Uma vez macias as rodelas, retire a água, acrescente dois tomates grandes, picados, sem as sementes, e dois pimentões verdes, também picados.

Em outra panela, deixe dourar no óleo quente uma cebola grande, cortada em rodelas. Misture a cebola com o alho-poró, os tomates e os pimentões. Deixe a panela em fogo brando. Ponha sal. Adicione dois ovos crus e, com a colher de pau, desmanche-os enquanto cozinham.

Não encontrando os tipos de feijão indicados, aqui vale o provérbio: quem não tem cão, caça com gato.

SUGESTÃO: Pode-se comer quente ou frio. Se preferir, acompanhado de carne. O prato dispensa arroz.

INGREDIENTES

feijão-jalo ou manteiga
alho-poró
tomate
pimentão verde
cebola
sal
ovo

Coma o seu pão com alegria

e beba o seu vinho com satisfação,

porque com isso Deus

já foi bondoso com você.

ECLESIASTES 9, 7

DELÍCIAS DA TERRA

FEIJÃO DO FRADE

Para cinco comensais

*"Dos campos ele tira o pão, e o vinho que alegra seu coração;
o azeite, que dá brilho a seu rosto, e o alimento que lhe dá forças"*, canta o salmista.

SALMOS 104, 14-15

Mais apropriado é cozinhar este feijão, que também vem dos campos e nos dá forças, em panela de ferro, aconselhável sobretudo às crianças, pois evita a anemia. O ferro é indispensável à nossa saúde.

Sugiro que se prepare este prato em fogareiro de carvão. Fica mais saboroso.

Com um dia de antecedência, ponha de molho, na água, meio quilo de feijão.
No dia seguinte, troque a água e coloque-o na panela de ferro; acrescente paio picadinho. (Se quiser um prato mais *light*, leve o paio picado à fervura por cinco minutos e retire-o com escumadeira.) Deixe cozinhar sem tampa, adicionando mais água se necessário, até ficar cozido.

Quando estiver quase no ponto, corte uma cebola grande, em rodelas, polvilhe-as com sal e distribua-as sobre o feijão. Respingue molho de pimenta por cima.

SUGESTÃO: Come-se com arroz ou, de preferência, com farinha-do-acre (farinha de mandioca moída com coco).

INGREDIENTES

feijão-preto
paio
cebola
sal
molho de pimenta

Coma educadamente

o que lhe oferecerem

e não mastigue de boca aberta,

para não ser desagradável.

ECLESIÁSTICO 31, 16

FEIJÃO TROPEIRO À SÃO BENEDITO

*"Eu exalto a alegria, porque não existe felicidade
para o homem debaixo do sol, além de comer, beber e alegrar-se.
Essa é a única coisa que lhe serve de companhia na fadiga,
nos dias contados da vida que Deus lhe concede debaixo do sol."*

ECLESIASTES 8, 15

Nesse espírito de alegria, aventure-se neste feijão que os tropeiros de Minas, em tempos de antanho, levavam em seus bornais ao transportar rebanhos de uma fazenda a outra. Feito desse jeito, conservava-se por vários dias, bastando apenas aquecê-lo.

Prefira feijão-jalo ou manteiga. Deixe de molho na água durante umas cinco horas. Cozinhe-o sem nenhum tempero, cuidando para que não passe do ponto, abrindo os grãos. Deve ficar "ao dente". Jogue toda a água fora.

Deixe a carne-seca, cortada em cubos, na água por doze horas. Troque a água e cozinhe até ficar macia. Jogue fora a água e com uma escumadeira misture a carne ao feijão.

À parte, asse no forno linguiça cortada em pedaços pequenos, de modo a dispensar faca na hora de comer. Misture ao feijão.

Corte paio em rodelas e deixe cinco minutos em água fervente. Colha-o com uma escumadeira e misture ao feijão. Em bom azeite frite alho picado e cebolas cortadas em rodelas. Acrescente sal, pimenta (ou molho de pimenta) a gosto e cheiro-verde picado. Misture tudo ao feijão.

Na hora de servir, esfarele sobre o feijão dois ou três ovos cozidos. Acrescente farinha de mandioca em dose muito pequena, o suficiente para dar liga ao feijão, mas com o devido cuidado para não deixá-lo grudento.

SUGESTÃO: Come-se sem arroz.

INGREDIENTES

feijão-jalo ou manteiga

carne-seca

linguiça

paio

azeite

alho

cebola

sal

pimenta ou
molho de pimenta

cheiro-verde

ovo

farinha de mandioca

Quem planta uma vinha

e não come de seu fruto?

Quem apascenta um rebanho

e não se alimenta

do leite do rebanho?

I CORÍNTIOS 8, 7

— DELÍCIAS DA TERRA —

FUSILLI À CORPUS CHRISTI

Para quatro comensais

"Quem nos dará carne para comer? Temos saudade dos peixes que comíamos de graça no Egito, os pepinos, os melões, as verduras, as cebolas e os alhos. Agora, perdemos até o apetite, porque não vemos outra coisa além desse maná", queixaram-se os hebreus com Moisés, após serem libertados da escravidão do Egito.

NÚMEROS 11, 5-6

Às vezes, a liberdade é trocada por um prato de lentilhas ou vendida a preço de banana.

Cozinhe quinhentos gramas de *fusilli* em água fervente, com um filete de azeite. Não ponha sal.

À parte, prepare o molho: frite, numa panela, uma xícara de chá de toucinho, cortado em quadradinhos. Não ponha óleo na panela. O próprio toucinho soltará gordura. Quando estiver crocante e tostado, retire o toucinho com garfo ou escumadeira, sem a gordura.

Pegue uma cabeça de alho, inteira, e, com uma faca afiada, dê um corte transversal bem nas pontas dos dentes. Regue com azeite e, numa pequena vasilha refratária, leve ao forno por quinze minutos.

Consumido o tempo indicado, esprema a casca do alho com a ponta dos dedos – e todos os dentes aflorarão.

Na panela, reduza a gordura pela metade. Aqueça-a e doure outros cinco dentes de alho amassados numa colher de chá de sal. Adicione um copo de vinho branco e um copo d'água. Deixe aquecer.

Acrescente os dentes de alho assados, uma xícara de chá de queijo parmesão ralado, uma colherinha de café de molho de pimenta e quatro tomates picados, sem as sementes.

Adicione meia lata de creme de leite sem soro. Misture bem.

Quando o molho estiver bem quente, jogue o *fusilli* dentro e mexa.

À hora de servir, salpique, por cima, um molho de salsa fresca picada. Pode-se usar também, no lugar da salsa, manjericão.

SUGESTÃO: Pode-se fazer o mesmo prato com outras massas, como talharim.

INGREDIENTES

fusilli
azeite
sal
toucinho
alho
vinho branco
parmesão
molho de pimenta
tomate
creme de leite
salsa ou manjericão

Quando você for jantar

com alguém importante,

não se esqueça de quem ele é.

Se você é guloso, controle-se.

Não tenha pressa de comer

a boa comida que lhe serve,

pois ele pode estar querendo

enganar você.

PROVÉRBIOS 23, 1-3

DELÍCIAS DA TERRA

PÃO DE QUEIJO MARIA MADALENA

"Quando você sacudir as azeitonas da sua oliveira, não volte para catar o que tiver sobrado: o resto será para o imigrante, o órfão e a viúva. Quando colher as uvas da sua vinha, não volte para catar o que tiver sobrado: o resto será para o imigrante, o órfão e a viúva."

DEUTERONÔMIO 24, 20-21

Os necessitados merecem, no mínimo, o que sobra de nossa fartura.

Neste pão de queijo, a única gordura que entra é a do próprio queijo. Em tempos de colesterol, eis uma boa notícia.

Misture meio quilo de polvilho azedo, uma colher de sopa de sal e um copo de leite. Amasse pacientemente.
Ferva duas xícaras pequenas de água. Derrame sobre a massa, apalpando-a como se manipulasse argila.
Acrescente um ovo e meio queijo de minas fresco. Prossiga a manipulação, desfazendo o queijo com os dedos, até sentir que os ingredientes estão bem integrados numa bola macia e consistente. Se ficar esfarelada, adicione – com cuidado, para não passar do ponto – mais um pouco de água quente.

Faça bolinhos medianos, distribua-os sobre o tabuleiro – a uma distância de três dedos um do outro – e leve ao forno previamente aquecido. Quando começarem a ficar tostados por cima, estão prontos.
Guarde o restante da massa fresca no refrigerador. Se quiser, já separada em porções de consumo. Antes de assar os pães de queijo, basta deixar degelar o tempo suficiente para desgrudar as bolinhas. Em seguida, leve ao forno.

SUGESTÃO: Pode-se fazê-lo também com queijo curado ou meio quilo de *mozarela* ralada ou despedaçada.

INGREDIENTES

polvilho azedo
sal
leite
ovo
queijo de minas

E *Deus disse:*

"Vejam! Eu entrego a vocês

todas as ervas que produzem semente

e estão sobre toda a terra,

e todas as árvores em que há

frutos que dão semente:

tudo isso será alimento para vocês."

GÊNESIS 1, 29

DELÍCIAS DA TERRA

PÃO DE QUEIJO REIS MAGOS

"A partir do dia seguinte à Páscoa, comeram dos produtos da terra; no mesmo dia, comeram pão sem fermento e trigo tostado."

JOSUÉ 5, 11

Eis um produto da terra que, provavelmente, não fica atrás daqueles que os israelitas comeram. É incrementado e muito saboroso.

Numa gamela, ponha um quilo de polvilho azedo, quatrocentos gramas de queijo de minas fresco ou trezentos gramas de *mozarela* ralada, meio copo de leite, um ovo, uma colher de sopa de sal, duas de alecrim desidratado, cem gramas de presunto picado, uma cebola grande picada, quatro dentes de alho amassados no sal e uma xícara de cafezinho de água fervendo.

Misture tudo com as mãos, pacientemente. Se a massa ficar esfarinhada, acrescente um pouco mais de leite e de água quente. Ao obter uma bola compacta e macia, enrole as bolinhas uma a uma.
Asse em forno quente.

INGREDIENTES

polvilho azedo

queijo de minas
ou *mozarela* ralada

leite

ovo

sal

alecrim desidratado

presunto

cebola

alho

N*ão faça sofrer*

aquele que tem fome,

e não piore a situação

de quem está em dificuldade.

ECLESIÁSTICO 4, 2

PIRÃO DE ESPINAFRE À MADRE ABADESSA

*"O que se viu foi divertimento e alegria, matança de bois e abate de ovelhas,
gente comendo carne e bebendo vinho:
'Comamos e bebamos, que amanhã morreremos.'"*

ISAÍAS 22, 13

O profeta adverte que devemos comer para viver, e não viver para comer.

Assim, é de bom alvitre um prato leve, nutritivo e de fácil digestão.

Lave um molho de espinafre, pique-o e coloque-o numa frigideira, regando-o com duas garrafas pequenas de leite de coco. Deixe cozinhar.

Mexa bem, acrescentando ervas de Provence.
Adicione, polvilhando, farinha de mandioca crua, até tomar a consistência desejada.
Ponha sal a gosto.

INGREDIENTES

espinafre
leite de coco
ervas de Provence
farinha de mandioca crua
sal

A braão entrou correndo

na tenda onde estava Sara, e disse a ela:

"Depressa! Tome vinte e um litros de flor de farinha,

amasse-os e faça um pão grande."

Depois Abraão correu até o rebanho,

escolheu um vitelo novo e bom

e o entregou ao empregado,

que se apressou a prepará-lo.

Pegou também coalhada, leite e o vitelo

que havia preparado, e colocou tudo diante deles.

E os atendia debaixo da árvore enquanto eles comiam.

GÊNESIS 18, 6-8

PURÊ MISTÉRIOS GOZOSOS

*"Todos os que estão com sede venham buscar água.
Venham também os que não têm dinheiro: comprem e comam sem dinheiro
e bebam vinho e leite sem pagar... Ouçam-me com atenção, e comerão bem
e saborearão pratos suculentos", diz o Senhor pela boca do profeta.*

ISAÍAS 55, 1-2

Eis aqui um prato barato e suculento.

Cozinhe meio quilo de batatas com um pouco de sal.
Não precisa tirar a casca, basta lavar antes.
Amasse com garfo ou espremedor. Verá que a casca sai naturalmente.
Acrescente um ovo, meio copo de leite e cinquenta gramas de queijo parmesão ralado. Mexa bem.

SUGESTÃO: Sirva com carne assada (patinho), temperada com *bacon*.

Saboroso acompanhamento é o quiabo ensopado na cebola.
Lave o quiabo, enxugue-o num papel absorvente ou pano de prato seco e corte-o em rodelas.
Pique a cebola e doure na manteiga ou margarina. Cubra com o quiabo, salpique sobre ele umas gotas de limão (para reduzir a baba) e deixe-o cozinhar até ficar macio.
Tempere com um pouco de molho de pimenta e cheiro-verde.

INGREDIENTES

batata
sal
ovo
leite
queijo parmesão

*E*ntão o mestre-sala

chamou o noivo e disse:

"Todos servem primeiro o vinho bom e,

quando os convidados estão bêbados,

servem o pior.

Você, porém, guardou o vinho bom até agora."

Foi assim, em Caná da Galileia,

que Jesus começou seus sinais.

JOÃO 2, 9-11

DELÍCIAS DA TERRA

QUIBE À CARMELITAS DESCALÇAS

Para dez comensais

"O sono saudável depende do estômago moderado: a pessoa se levanta cedo e com boa disposição. O homem guloso é sempre acompanhado por mal-estar, insônia, náusea e cólica."

ECLESIÁSTICO 31, 20

Esta receita, muito saborosa e de fácil digestão, é capaz de enganar os mais renitentes carnívoros. Ao prová-la sem conhecer os ingredientes, juram que a base é carne moída. Do que se conclui que o paladar ajuda a vencer preconceitos.

Deixe duzentos e cinquenta gramas de soja granulada mergulhada em água quente durante trinta minutos. Em água fria, deixe de molho a mesma quantidade de trigo por uma hora.
Findo o prazo, despeje a soja num pano de prato e aperte-o bem, até sair toda a água. Faça o mesmo com o trigo. Num tabuleiro untado com azeite, misture os dois grãos.

Adicione por cima: um copo de requeijão *light*, cebola (umas três das grandes), hortelã e cheiro-verde picados, sal, molho de pimenta ou pimenta, azeitona preta descaroçada.
Misture tudo com as mãos, pacientemente.
Ajeite no tabuleiro, regue com bastante azeite e pincele com manteiga ou margarina.
Leve ao forno pré-aquecido por uma hora.

INGREDIENTES

soja granulada
trigo
azeite
requeijão *light*
cebola
hortelã
cheiro-verde
sal
molho de pimenta ou pimenta
azeitona preta
manteiga ou margarina

Não continue a beber somente água;

tome um pouco de vinho,

por causa do estômago

e das frequentes fraquezas

que você tem.

DA PRIMEIRA CARTA
DE PAULO A TIMÓTEO 5, 23

DELÍCIAS DA TERRA

RISOTO AOS REIS MAGOS

Para dois comensais

"Nunca se assente à mesa ao lado de mulher casada, nem festeje bebendo vinho com ela, para que seu coração não se enamore e a paixão o faça escorregar para a ruína."

ECLESIÁSTICO 9, 9

Em água fervente, cozinhe, com bastante água, uma xícara de arroz próprio para risoto por cerca de doze minutos. Pique três cenouras e deixe cozinhar com o arroz.

Adicione sal. Quando o arroz estiver pronto, jogue fora a água.

Na frigideira, ponha duas colheres de sopa de azeite e frite duas cebolas picadas. Misture ao arroz, junto com uma colher de sopa de manteiga ou margarina (pode-se dispensar, para deixar o risoto mais *light*). Acrescente noz-moscada e queijo parmesão em lascas. Misture bem e sirva.

INGREDIENTES

arroz próprio para risoto

cenoura

azeite

cebola

manteiga ou margarina

noz-moscada

parmesão

sal

Havia trigo, cevada, farinha, grão torrado, favas, lentilhas, mel, coalhada, queijos de leite de vaca e de ovelha, e ofereceram a Davi e ao pessoal que o acompanhava para que se alimentassem.

2 SAMUEL 17, 28-29

SOPA DOMINICANA

*"'Aconselho que se alimentem, porque é necessário para a saúde.
Pois não vai se perder nenhum cabelo da cabeça de vocês.'
Dizendo isso, Paulo tomou o pão, deu graças a Deus diante de todos,
o partiu e começou a comer. Então eles se reanimaram e também se alimentaram."*

ATOS DOS APÓSTOLOS 27, 34-35

Esta sopa faz muito bem à saúde. E é uma bênção de Deus.

Cozinhe, em água, uma abóbora cortada em fatias tipo canoa.
Retire a polpa da casca e volte-a à água (metade da panela). Ponha sal à vontade.
Acrescente ervas de Provence, umas gotas de molho de pimenta e um vidro pequeno de leite de coco. Deixe cozinhar em fogo brando.

Sirva bem quente. Se quiser, pique queijo de minas no prato fundo antes de servir a sopa. Ou ponha *croûton* – pequenos cubos de pão assados no forno até ficarem crocantes ou fritos no azeite.

INGREDIENTES

abóbora

sal

ervas de Provence

molho de pimenta

leite de coco

Eu sou o pão da vida.

Quem vem a mim

não terá mais fome

e quem acredita em mim

nunca mais terá sede.

JOÃO 6, 35

SUFLÊ À TEÓLOGO BOFF

Para quatro comensais

"Se o seu inimigo tiver fome, dê-lhe de comer; se tiver sede, dê-lhe de beber;
desse modo, você fará o outro corar de vergonha. Não se deixe vencer pelo mal,
mas vença o mal com o bem", aconselha São Paulo.

ROMANOS 12, 20-21

Com o coração vazio de sentimentos de vingança – pois os maus sentimentos são inimigos da boa culinária e amargam o paladar –, pincele uma vasilha refratária com pouco azeite e derrame nela os seguintes ingredientes: três cebolas grandes picadas, cem gramas de azeitona sem caroço, duzentos gramas de cogumelos cortados em lâmina, duzentos gramas de presunto picado, duzentos gramas de *mozarela* picada, três tomates picados, um pimentão grande picado, ervas de Provence, salsa seca e orégano.

À parte, bata, com garfo bem seco, cinco ovos, até espumarem levemente.

Misture nos ovos batidos meio copo de leite, uma colher de sopa de fermento em pó e cem gramas de queijo parmesão ralado.

Bata mais um pouco e despeje sobre o conteúdo da vasilha. Leve ao forno previamente aquecido, mantendo o fogo alto por cerca de uma hora.

Retire do forno quando a cobertura assemelhar-se a uma omelete tostada.

Antes de servir, deixe repousar, em lugar protegido do vento, por dez minutos.

Pode-se dispensar a *mozarela*.

INGREDIENTES

azeite
cebola
azeitona
cogumelos
presunto
mozarela
tomate
pimentão
ervas de Provence
salsa seca
orégano
ovo
leite
fermento em pó
parmesão
sal

Quem bebe desta água

vai ter sede de novo.

Mas aquele que beber a água

que eu vou dar, esse nunca mais terá sede.

E a água que eu lhe darei vai se tornar,

dentro dele, uma fonte de água

que jorra para a vida eterna.

JOÃO 4, 13-14

SUFLÊ DE NUVEM À VIRGENS PRUDENTES

Para quatro comensais

*"Deus, que dá semente ao semeador, também dará o pão em alimento;
para vocês, multiplicará a semente,
e ainda fará crescer o fruto da justiça que vocês têm."*

2º CORÍNTIOS 9, 10

O Apóstolo se refere às dádivas de Deus, ressaltando que dar o pão e praticar a justiça são gestos idênticos e complementares.

Bata no liquidificador uma xícara de farinha de trigo e outra de maisena, uma colher de chá de sal, uma colherinha de café de fermento em pó, três colheres de sopa de queijo ralado, quatro colheres de sopa de óleo de soja, duas xícaras de leite e três ovos.

Despeje a metade na vasilha refratária que irá ao forno.

Por cima, ponha o recheio: cinquenta gramas de presunto cortado, cento e cinquenta gramas de *mozarela* picada, cebolas picadas, cogumelos fatiados em lâminas, cenoura, tomate, chuchu e batata, cozidos e bem picados. Cubra com o que resta no copo do liquidificador.

Deixe no forno alto por cerca de quarenta minutos (até crescer e tostar).

Espere assentar por dez minutos, fora do forno, antes de servir.

INGREDIENTES

farinha de trigo
maisena
sal
fermento em pó
queijo
óleo de soja
leite
ovo
presunto
mozarela
cebola
cogumelo
cenoura
tomate
chuchu
batata

*S*e alguém convida você para uma festa de casamento, não ocupe o primeiro lugar. Pode ser que tenha sido convidado alguém mais importante do que você; e o dono da casa, que convidou os dois, venha dizer: "Dê o lugar para ele." Então você ficará envergonhado e irá ocupar o último lugar. Pelo contrário, quando for convidado, vá sentar-se no último lugar. Assim, quando chegar quem o convidou, dirá a você: "Amigo, venha mais para cima." E isso vai ser uma honra para você na presença de todos os convidados.

LUCAS 14, 8-10

DELÍCIAS DA TERRA

SUFLÊ MONACAL DE ALHO-PORÓ

Para quatro comensais

"Aprendi a viver na necessidade e aprendi a viver na abundância; estou acostumado a toda e qualquer situação; viver saciado e passar fome, ter abundância e passar necessidade. Tudo posso Naquele que me fortalece", assegura São Paulo.

CARTA AOS FILIPENSES 4, 12-13

Nosso verdadeiro alimento é Aquele que nos sustenta para a vida eterna.

Nessa confiança de coração, corte quatro talos de alho-poró em rodelas da espessura de um dedo.

Aqueça na frigideira uma colher de sopa de manteiga ou margarina, deite as rodelas de alho-poró e frite-as durante dez minutos, mexendo bem.

Bata as claras de dois ovos e quando estiverem em neve misture as gemas. Bata mais um pouco, para desmanchar as gemas.

Em seguida, adicione meia xícara de farinha de trigo, uma xícara de leite, cem gramas de queijo parmesão ralado, uma colherinha de café, bem cheia, de páprica doce, sal e pimenta a gosto. Misture bem.

Em vasilha refratária, leve ao forno previamente aquecido, deixando-o em temperatura média por cerca de quarenta e cinco minutos.

INGREDIENTES

alho-poró

manteiga ou margarina

ovo

farinha de trigo

leite

parmesão

páprica doce

sal

pimenta

Quando der um almoço ou jantar, não convide amigos, nem irmãos, nem parentes, nem vizinhos ricos. Porque estes irão, em troca, convidar você. E isso será recompensa para você.

Quando der uma festa, convide pobres, aleijados, mancos e cegos. Então você será feliz! Porque eles não lhe podem retribuir.

E você receberá a recompensa

na ressurreição dos justos.

LUCAS 14, 12-14

Delícias
da
Carne

CANJIQUINHA À VENERÁVEL STELLA

Para dez comensais

"Davi abençoou o povo em nome de Javé. Em seguida, mandou dar, para cada um dos israelitas, homens e mulheres, um pão, carne assada e um bolo de passas."

PRIMEIRO LIVRO DAS CRÔNICAS 16, 2-3

Uma boa refeição é como bênção divina.

E este é uma maravilha de prato, muito adequado às noites frias. Dispensa qualquer acompanhamento e rende muito.

Compre um quilo de quirera (milho triturado para passarinho e próprio para consumo humano). Prefira a quirera mais grossa. Em Minas, é também conhecida por "canjiquinha". Deixe de molho na água por uma noite.

No dia seguinte, troque a água, ponha uns filetes de óleo ou azeite e deixe cozinhar até ficar macia. Mexa sempre, para que não grude no fundo da panela, e adicione um pouco mais de água, sem cobri-la completamente, quando necessário.

À parte, tempere uma bisteca de porco, tipo carré, para cada comensal, com limão e sal. Asse todas ao forno, até tostarem.

Com a mão, despedace as costelinhas em quadradinhos e mergulhe na canjiquinha. Pode-se fazer também com lombo assado, cortado em cubos. Numa frigideira, prepare o tempero com óleo (ou a gordura do carré), cebolas, alho e pimenta. Misture no prato. Deixe impregnar ao fogo brando. Mexa sempre.

Lave um molho de couve, separe os talos mais grossos e, com as mãos, despedace as folhas sobre a canjiquinha. Deixe cozinhar. À hora de servir, adicione cheiro-verde.

SUGESTÃO: Para quem não come carne de porco, pode-se fazer o mesmo prato com frango assado, cortado em cubos.

A carne, de porco ou frango, é cortada, de modo a dispensar o uso da faca. Come-se em prato fundo e com colher de sopa. Há quem goste de acrescentar à sua porção uma colher de feijão.

INGREDIENTES

quirera

óleo ou azeite

uma bisteca de porco ou lombo assado

limão

sal

óleo

cebola

alho

pimenta

couve

cheiro-verde

Quem bebe demais

fica barulhento

e caçoa dos outros;

o escravo da bebida

nunca será sábio.

PROVÉRBIOS 20, 1

DELÍCIAS DA CARNE

CARNE GREGORIANA

"Os israelitas forneceram com abundância os primeiros frutos do trigo, do vinho, do óleo, do mel e de todos os produtos do campo. E entregaram fartamente o dízimo de tudo."

SEGUNDO LIVRO DAS CRÔNICAS 31, 5

Dar, a quem necessita, uma parte do que se tem ou se ganha é agradar a Deus.

Corte, em pequenos cubos, meio quilo de patinho ou chã de dentro. Jogue-os na panela de pressão.

Por cima, derrame uma lata de molho ou purê de tomate e uma garrafa de cerveja preta. Misture, tampe e deixe cozinhar por uma hora, até ficar macio.

SUGESTÃO: Sirva com arroz.

INGREDIENTES

patinho ou chã de dentro
molho ou purê de tomate
cerveja preta
sal

O *Senhor dos Exércitos*

prepara para todos os povos,

sobre esta montanha,

um banquete de carnes gordas,

um banquete de vinhos finos,

de carnes suculentas,

de vinhos depurados.

ISAÍAS 25, 6

DELÍCIAS DA CARNE

CARNE-SECA À SANTA BÁRBARA

"Ele me disse: 'Criatura humana, coma isso; coma esse rolo, e depois vá levar a mensagem para a casa de Israel.' Então eu abri a boca e ele me deu o rolo para comer. E continuou: 'Criatura humana, que seu estômago e sua barriga se saciem com este rolo escrito que estou lhe dando.' Eu comi e pareceu doce como mel para o meu paladar."

EZEQUIEL 3, 1-3

Deixe a carne-seca, já cortada, de molho por uma noite, trocando a água ao menos três vezes. Em nova água, cozinhe até ficar macia. Escorra-a e desfie-a com a mão.

Na frigideira com azeite, frite alho picado e cebola cortada na vertical. Retire e separe.

Adicione mais azeite na frigideira e frite a carne. Salpique-a de salsa e cebolinha picadas. Se necessário, acrescente sal e molho de pimenta.

SUGESTÃO: Sirva com arroz ou farofa.

INGREDIENTES

carne-seca
azeite
alho
cebola
salsa
cebolinha
sal

Se alguém possui os bens deste mundo e, vendo o seu irmão em necessidade, fecha-lhe o coração, como pode o amor de Deus permanecer nele?

I JOÃO 3, 17

DELÍCIAS DA CARNE

COELHO À BODAS DE CANÁ

"Gedeão foi preparar um cabrito e fez pães sem fermento com uma medida de farinha.
Colocou a carne numa cesta e o caldo na panela.
Trouxe tudo e ofereceu a Javé, debaixo do carvalho."

JUÍZES 6, 19

Na falta de cabrito, vamos ao coelho. Um manjar de monges!

Faça uma marinada com vinho tinto, ervas de Provence, manjericão, alecrim, hortelã, segurelha, cravo, louro e sal.

Partida em postas, mergulhe a carne de coelho. Deixe de dez a doze horas.

O vinho tinto, matriz do vinagre, impregna de sabor todo tipo de carne. Desconfio mesmo de que ele torna, inclusive, mais aromática a nossa própria alma.

O cravo e o louro são essências que tornam o molho mais acentuado. Bastam três ou quatro cravos-da-índia e umas cinco folhas de louro.

Após um mergulho prolongado no tempero, retire os pedaços e asse ao forno quente, até dourar. Devolva ao molho e leve tudo ao fogo brando para que cozinhe bem.

Retire de novo os pedaços e acrescente uma caixa ou lata de creme de leite, sem o soro, e duas colheres de chá de farinha de trigo, já diluída em água. Apague o fogo e mexa o conteúdo da panela com colher de pau.

SUGESTÃO: Como acompanhamento, além do arroz, batatinhas pré-cozidas descascadas e, em seguida, assadas ao forno, cobertas de queijo parmesão ralado.

INGREDIENTES

carne de coelho partida em postas
vinho tinto
ervas de Provence
manjericão
alecrim
hortelã
segurelha
cravo-da-índia
folha de louro
sal
creme de leite
farinha de trigo

Não fiquem preocupados

com a vida, com o que comer,

nem com o corpo, com o que vestir.

Pois a vida vale mais do que a comida

e o corpo mais do que a roupa.

Observem as aves: não semeiam nem colhem,

não possuem celeiros ou armazéns.

E, no entanto, Deus as alimenta.

Vocês valem muito mais do que as aves

LUCAS 12, 22-24

DELÍCIAS DA CARNE

ESTROGONOFE À SÃO JORGE

Para seis comensais

*"Não se esqueçam de ser generosos, e saibam repartir com os outros,
porque tais são os sacrifícios que agradam a Deus."*

CARTA AOS HEBREUS 13, 16

Nesse espírito de partilha, junte numa panela (de pressão é mais rápido) um quilo de pá, chã ou patinho, cortado em quadradinhos, um pacote de sopa de cebola, uma lata de molho ou purê de tomate, dois copos d'água e uma cerveja preta.

Após ferver, cozinhe no fogo baixo por quarenta minutos.

SUGESTÃO: Sirva com arroz.

INGREDIENTES

pá, chã ou patinho

sopa de cebola

molho ou purê de tomate

cerveja preta

sal

Quando estava ficando tarde,

os discípulos chegaram

perto de Jesus e disseram:

"Este lugar é deserto e já é tarde.

Despede o povo, para que possa

ir aos campos e povoados vizinhos

comprar alguma coisa para comer."

Mas Jesus respondeu:

"Vocês é que têm de lhes dar de comer."

MARCOS 6, 36-37

DELÍCIAS DA CARNE

ESTROGONOFE AO ARQUIMANDRITA

Para dois comensais

"De fato, tudo o que Deus criou é bom, e nada é desprezível se tomado com ação de graças, porque é santificado pela palavra de Deus e pela oração", sublinha São Paulo.

PRIMEIRA CARTA A TIMÓTEO 4, 4-5

Nesse espírito de ação de graças, tempere com sal, de véspera, quatrocentos e cinquenta gramas de filé-mignon cortado em cubinhos e deixe na geladeira.

No dia seguinte, frite os cubinhos no óleo vegetal misturado com cinco folhas de louro, sal e três colherinhas de café de molho de pimenta.

À parte, ferva a água de um vidro ou lata de palmito com uma xícara de farelo de trigo. Adicione três colheres de sopa de *ketchup* e cem gramas de cogumelos cortados ao meio. Ponha salsa, cebolinha e coentro picados.

Junte os cubinhos de filé já fritos e deixe ferver por vinte minutos, misturando bem. Cinco minutos antes de servir, acrescente uma lata de creme de leite (sem soro), apague o fogo e mexa bem.

SUGESTÃO: Sirva com arroz e batatas *sauté*.

INGREDIENTES

filé-mignon
sal
óleo vegetal
folha de louro
molho de pimenta
vidro ou
lata de palmito
farelo de trigo
ketchup
cogumelos
salsa
cebolinha
coentro
creme de leite

N*essa noite,*

comerão a carne assada no fogo

e acompanhada de pão

sem fermento,

com ervas amargas.

· · · · · · · · · ·

ÊXODO 12, 8

DELÍCIAS DA CARNE

FEIJOADA À CEIA DOS CARDEAIS

*"Estejam sempre alegres, rezem sem cessar.
Deem graças em todas as circunstâncias,
porque esta é a vontade de Deus", exorta o Apóstolo.*

PRIMEIRA CARTA AOS TESSALONICENSES 5, 16

Demos graças também por este prato leve, desde que, de véspera, sejam cortadas todas as carnes salgadas em pedaços adequados para servir. Ferva-os, todos juntos, em cinco águas. Na sexta água, leve-os a dormir na geladeira. No dia seguinte, retire a gordura que ainda paira por cima das carnes, coe e misture-as ao feijão.

Se as carnes forem frescas, tempere-as e cozinhe-as, deixando por uma noite na geladeira, para que a gordura talhe e, pela manhã, seja retirada.

Também de véspera, limpe e lave o feijão-preto, deixando de molho em água toda a noite. Troque de água pela manhã.

Leve tudo ao fogo alto, reduzindo-o quando ferver. Deixe cozinhar bem, acrescentando água fria quando preciso. Mexa sempre, com colher de pau.

À parte, no óleo vegetal aquecido, frite alho picado. Quando dourar, acrescente cebolas picadas, pimenta ou molho de pimenta, sal a gosto, dois tabletes de caldo de *bacon* e cheiro-verde picado.

SUGESTÃO: Sirva com arroz, acompanhado de farinha de mandioca, couve cortada bem fina e rodelas de laranja.

INGREDIENTES

carnes para feijoada

feijão-preto

óleo vegetal

alho

cebola

pimenta ou
molho de pimenta

sal

caldo de *bacon*

cheiro-verde

Quem é que tem

os olhos vermelhos

e ferimentos que

podiam ser evitados?

É aquele que bebe demais

e anda procurando

bebidas misturadas.

PROVÉRBIOS 23, 29-30

—— DELÍCIAS DA CARNE ——

RABADA AO VINHO DO ABADE

*"Pegue trigo, cevada, favas, lentilhas, milho miúdo e espelta.
Coloque tudo numa vasilha e prepare alimentos para você."*

EZEQUIEL 4, 9

Numa vasilha funda, prepare, com ingredientes diferentes daqueles sugeridos pelo profeta, uma marinada com sal, uma ou duas garrafas de vinho tinto, manjericão, ervas de Provence e alecrim.

Mergulhe a rabada de véspera, cortada em pedaços (cuidado para não lhe venderem mais gordura do que carne!). Deixe fora da geladeira.

No dia seguinte, retire do molho e leve a cozinhar, com água, por trinta minutos. Jogue a água gordurosa fora, ponha outra e acrescente batatas pequenas. Deixe cozinhar até que as batatas estejam macias (espetáveis no garfo).

À parte, engrosse o molho de vinho com uma colher de sopa de farinha de trigo diluída em meio copo d'água.

Retire as batatas e a rabada da água. Com essa mesma água, faça a polenta que acompanha a carne: tempere a água com sal e, devagar, polvilhe o fubá sobre ela, no fogo brando, até que adquira a consistência desejada.

Ao final, acrescente queijo parmesão ralado por cima.

Derrame o molho quente sobre a rabada e sirva.

INGREDIENTES

rabada
sal
vinho tinto
manjericão
ervas de Provence
alecrim
batata
farinha de trigo
fubá
parmesão

Nem só de pão

vive o homem.

....

MATEUS, 4,4

Delícias

do

Mar

BACALHAU À SANTA CLARA

Para quatro comensais

*"De todos os animais aquáticos, vocês poderão comer
os que têm barbatanas e escamas, e vivem nas águas dos mares e rios",
prescreve o Antigo Testamento.*

LEVÍTICO 11, 9

Assim sendo, de véspera, deixe o bacalhau de molho em água fria, trocando-a algumas vezes. No dia seguinte, ferva-o em três águas. Retire a pele e as espinhas.

Unte uma vasilha refratária com azeite. Cubra o fundo com rodelas de tomate.
Numa frigideira com azeite quente, doure cinco dentes de alho picados. Acrescente três cebolas em rodelas finas, deixando-as refogar.
Espalhe o conteúdo da frigideira sobre os tomates. Por cima, distribua o bacalhau desfiado.
À parte, numa frigideira, ponha dois copos de leite com duas colheres de sopa de farinha de trigo diluída.

Bata levemente duas gemas e junte ao leite sobre fogo brando.
Rale por cima duas colherinhas de café de noz-moscada. Mexa levemente. Quando engrossar, derrame sobre o bacalhau.
Polvilhe com cem gramas de queijo parmesão ralado.
Bata duas claras em neve e espalhe sobre o prato.
Leve ao forno por vinte minutos.
Ao tirá-lo, cubra com cheiro-verde bem picado e azeitonas.

SUGESTÃO: Sirva com arroz.

INGREDIENTES

bacalhau

azeite

tomate

alho

cebola

leite

farinha de trigo

ovo

noz-moscada

parmesão

cheiro-verde

azeitona

sal

E u estava com fome

e vocês me deram de comer;

eu estava com sede

e me deram de beber.

MATEUS 25, 35

BACALHAU À SÃO FRANCISCO

Para oito comensais

*"Tu o alimentavas com alimento dos anjos, oferecendo-lhe do céu o pão já preparado,
que proporcionava todos os sabores e satisfazia o gosto de todos.
Esse alimento mostrava a tua doçura para com os teus filhos. Ele se adaptava ao gosto
de quem o comia e se transformava naquilo que cada um desejava."*

SABEDORIA 16, 20-21

Para provar um verdadeiro alimento dos anjos, cozinhe um quilo de bacalhau em quatro águas. Retire a pele e os ossos. Na última água em que cozinhou o bacalhau, mergulhe seis cebolas médias descascadas e meio quilo de batatas. Deixe cozinhar.

Num refratário, cubra o fundo com rodelas finas de tomates. Polvilhe com orégano e ervas finas. Cubra com rodelas de cebolas e, por cima, rodelas de batatas. Polvilhe com sal e regue com azeite. Cubra com o bacalhau. Por cima, cheiro-verde.

Repita as camadas: tomates, cebolas, batatas e bacalhau, com os temperos indicados (exceto o cheiro-verde).

Regue com dois vidros pequenos de leite de coco. Leve ao forno por vinte minutos, para aquecer.

Ao retirar do forno, cubra com cheiro-verde e azeitonas pretas sem caroço.

Para acompanhar, faça arroz e, ao retirá-lo do fogo, espete nele "lâminas" de queijo de minas fresco. Enrole a panela do arroz em jornal até a hora de servir.

SUGESTÃO: Acompanha vinho.

INGREDIENTES

- bacalhau
- cebola
- batata
- tomate
- orégano
- ervas finas
- sal
- azeite
- cheiro-verde
- leite de coco
- azeitona preta

O*lhem o agricultor:*

ele espera pacientemente

o fruto precioso da terra, até receber

a chuva do outono e da primavera.

Sejam pacientes vocês também;

fortaleçam os corações,

pois a vinda do Senhor está próxima.

TIAGO 5, 7-8

DELÍCIAS DO MAR

BACALHAU CAMINHO DE SÃO TIAGO

Para dois comensais

O caminho rumo a Santiago de Compostela, aberto há mais de mil anos, no norte da Espanha, pelo eremita Pelayo e o bispo Teodomiro, levou aos reinos cristãos ibéricos as correntes culturais da Europa românica e gótica, bem como a sabedoria oriental, trazida pelos árabes e judeus após o século IX. E, certamente, novas artes culinárias, que ainda hoje saciam peregrinos nas hospedarias encravadas em montanhas e mosteiros.

Deixe trezentos gramas de bacalhau, cortado em pedaços, de molho na água durante toda a noite para reduzir o sal.

No dia seguinte, cozinhe-o em outra água, retire a pele e as espinhas, e junte pequenas batatas com casca. Quando bacalhau e batatas estiverem macios, leve-os ao forno para gratinar.

À parte, prepare o molho: numa panela, deixe desmanchar, ao fogo brando, uma colher de sopa de manteiga ou margarina. Adicione uma colher de sopa de farinha de trigo, mesclando bem com a gordura.

Ponha leite na quantidade adequada para se obter a contextura desejável, e um ou dois cálices de vinho branco verde.

Salpique sal, hortelã, estragão, salsa e cebolinha para completar o molho.

SUGESTÃO: Sirva com arroz branco.

INGREDIENTES

bacalhau
batata
manteiga ou margarina
farinha de trigo
leite
vinho branco verde
sal
hortelã
estragão
salsa
cebolinha

Jesus disse:

"Vocês têm aqui

alguma coisa para comer?"

Eles ofereceram a Jesus

um pedaço de peixe grelhado.

Jesus pegou o peixe

e o comeu diante deles.

LUCAS 24, 41-43

DELÍCIAS DO MAR

BOBÓ DE CAMARÃO AOS SANTOS GUERREIROS

Para quatro comensais

"Na Judeia, vivia o profeta Habacuc. Ele fez um cozido, partiu uns pães numa gamela e ia saindo para a roça, a fim de levar essa comida para os trabalhadores."

DANIEL 14, 33

Imbuído desse espírito de justiça, que torna a fé encarnada, retire dois quilos de camarões grandes ou médios, sem casca, do congelador ou do *freezer*. Não precisa deixar degelar. *(Veja em "Mistérios Gloriosos" como limpar camarões.)*

Cozinhe meio quilo de mandioca, cortada em rodelas, até ficar bem macia.

Numa panela cheia de água fervendo e sal, cozinhe os camarões por dois minutos (ainda que estejam duros devido ao gelo, pois assim ficarão "ao dente").

Separe os camarões. Separe também uma porção de água em que foram cozidos para fazer o arroz. Ponha a outra porção de água no liquidificador. Mergulhe as rodelas de mandioca. Atenção: encha um terço do copo do liquidificador com pedaços cortados de mandioca e cubra com a água do camarão, tomando o cuidado de não ultrapassar o limite do espaço ocupado pela mandioca. Bata até ficar pastoso e despeje numa panela. Repita enquanto houver mandioca.

Na frigideira, prepare o tempero: uma xícara pequena de café de azeite de dendê, três cebolas grandes cortadas em rodelas, cinco dentes de alho amassados, duas colheres de sopa de sal, coentro picado, três pimentões vermelhos picados, uma colherinha de café de molho de pimenta, cheiro-verde picado, uma xícara de chá, cheia, de *ketchup* apimentado.

Deixe ferver por quinze minutos, misturando aos poucos. Despeje sobre a massa branca de mandioca. Adicione os camarões, mexa bem e deixe em fogo brando.

Na hora de servir, acrescente um ou dois vidros pequenos de leite de coco e mexa bem. Se ficar muito branca a massa, adicione um pouco mais de *ketchup* sem pimenta, até ficar rosada.

Sirva com o arroz cozido na mesma água em que foram preparados os camarões.

Pode-se acrescentar ao arroz – quando estiver quase ao ponto de ser retirado do fogão – queijo de minas fresco cortado em cubos. Para não esfriar o arroz, deixe a panela enrolada em jornal até a hora de ir para a mesa. Acompanha vinho branco gelado.

INGREDIENTES

camarão

mandioca

sal

azeite de dendê

cebola

alho

sal

coentro

pimentão

molho de pimenta

cheiro-verde

ketchup

leite de coco

queijo de minas

arroz

SUGESTÃO: Uma boa dica: fica bem mais fácil e rápido – e muito gostoso – preparar o bobó sem o trabalho de cozinhar e bater mandiocas. Basta despejar na panela com água fria um pacote de duzentos e cinquenta gramas de farinha de mandioca crua. Atenção: crua, e não torrada. Mexa com colher de pau. Na água fria a farinha desmancha, sem encaroçar. Em seguida, aqueça em fogo brando, mexendo sempre, até engrossar e atingir o ponto da pasta. Aconselho usar a mesma água na qual se cozinhou o camarão e, para ficar mais leve, evitar o azeite de dendê.

M*ais vale um prato*

de verdura com amor

do que um boi cevado

com rancor.

PROVÉRBIOS 15, 17

DELÍCIAS DO MAR

CAMARÕES À CEIA DOS APÓSTOLOS

*"Pratiquem a hospitalidade uns com os outros, sem murmurar",
recomenda a*

PRIMEIRA CARTA DE PEDRO 4, 9

Em nossa mesa deve haver sempre lugar para quem chega, e nosso coração deve estar aberto a todos.

Nesse espírito de acolhida, separe, para cada comensal, cinco camarões grandes. *(Veja em "Mistérios Gloriosos" como limpar camarões.)* Tempere-os com sal e limão duas ou três horas antes.

Unte a frigideira com manteiga e cubra-a com rodelas de cebola. Ponha por cima os camarões e o alho-poró cortado em rodelinhas.

Em fogo brando, mexa-os com colher de pau, até cozinhar a cebola.

Abaixe o fogo e derrame uma dose de vodca sobre os camarões. Acenda com fósforo e deixe flambar.

Quando o fogo acabar, ponha uma colher de sopa de creme de leite para cada dez camarões. Mexa ao fogo brando.

Espalhe por cima cogumelos e ervas de Provence. Deixe aquecer, sem ferver.

Acrescente um cálice de vinho branco.

SUGESTÃO: Sirva com arroz, misturado com maçãs cortadinhas.

INGREDIENTES

camarão
sal
limão
manteiga
cebola
alho-poró
vodca
creme de leite
cogumelo
ervas de Provence
vinho branco

T enho compaixão dessa multidão,

porque já faz três dias

que está comigo

e não tem nada para comer.

MARCOS 8, 2

DELÍCIAS DO MAR

CAMARÕES À JERICÓ

*"Ele oferecerá também como oblação quarenta e cinco litros de farinha por novilho,
quarenta e cinco por carneiro e sete litros e meio de óleo
a cada quarenta e cinco litros de farinha."*

EZEQUIEL 45, 24

Dizem que foi este o prato que Zaqueu serviu no jantar oferecido a Jesus, em Jericó.

Tome meio quilo de camarão médio com casca, sem rabo e cabeça. Ferva o camarão por cerca de dois minutos em água sem tempero. Enxugue-o com pano até ficar bem sequinho.
À parte, frite pedacinhos de *bacon*. Retire o bacon e, na gordura que ficou na frigideira, frite alho picado. Nessa mesma gordura, coloque um punhado de farinha de mandioca, pedaços de maçã sem casca e tomate picado. Junte ervas. Mexa.

À parte, faça uma pasta de azeitona, ameixa, passa e castanha, tudo bem picadinho e misturado. Cubra os camarões com a pasta.

SUGESTÃO: Sirva com a farofa.

INGREDIENTES

camarão
bacon
alho
farinha de mandioca
maçã
tomate
ervas
azeitona
ameixa
passa
castanha-do-pará
sal

Pedro subiu ao terraço para rezar.

Sentiu fome e quis comer;

mas, enquanto preparavam a comida,

Pedro entrou em êxtase. Viu o céu aberto

e uma coisa que descia para a terra;

parecia uma grande toalha

sustentada pelas quatro pontas.

Dentro dela havia todo tipo de quadrúpedes,

e também répteis da terra e aves do céu.

E uma voz lhe disse:

"Levante-se, Pedro, mate e coma!"

ATOS DOS APÓSTOLOS 10, 9-13

DELÍCIAS DO MAR

CAMARÕES AO QUEIJO À NOSSA SENHORA APARECIDA

Para quatro comensais

"Depois, fez Paulo e Silas subir até a sua casa, preparou-lhes um jantar e alegrou-se com todos os seus familiares por ter acreditado em Deus."

ATOS DOS APÓSTOLOS 16, 34

Com o espírito cheio de fé, o coração, de alegria, e o paladar, de apetite, reserve seis camarões grandes, sem casca, para cada comensal. *(Veja em "Mistérios Gloriosos" como limpar camarões.)* Impregne-os de limão e sal. Deixe-os descansar por cinco horas (se estiver muito calor, ponha-os na geladeira).

Para os camarões ficarem firmes, enfie um palito dentro de cada um.

Ferva-os por três minutos. Retire os palitos. Devolva-os à salmoura com limão. Espalhe sobre eles sete dentes de alho esmagados, um punhado de ervas de Provence e coentro. Deixe-os cozinhar por mais três minutos.

Sobre uma tábua, ponha uma porção – meia colherinha de café – de queijo tipo catupiry nas extremidades de cada camarão.

Bata um ovo, misturando gema e clara. Passe cada camarão com queijo dentro dessa mistura de ovo e, em seguida, na farinha de rosca. Deixe-os à parte até juntar camarões suficientes para cobrir o fundo da frigideira.

Ponha duas colheres de sopa de óleo de soja na frigideira. Quando esquentar, refogue os camarões revestidos de farinha de rosca. Frite-os por meio minuto. Vire-os e deixe por mais meio minuto.

Com uma escumadeira, coloque-os sobre uma vasilha forrada com papel absorvente. Estão prontos para serem servidos.

INGREDIENTES

camarão
limão
sal
alho
ervas de Provence
coentro
catupiry
ovo
farinha de rosca
óleo de soja

No tempo da abundância,

lembre-se da carestia;

nos dias de riqueza,

lembre-se da pobreza e da miséria.

ECLESIÁSTICO 18, 25

CAMARÕES DO REI DAVI

Para quatro comensais

Nabal, criador de ovelhas e cabras em Carmel, negou alimentos a Davi e a seus companheiros. Libertador do povo hebreu, Davi ainda não se tornara rei de Israel. Porém, Abigail, mulher de Nabal, levou a Davi, escondida do marido, "duzentos pães, duas vasilhas com vinho, cinco ovelhas preparadas, cinco medidas de trigo tostado, cem cachos de uvas passas, duzentos doces de figo".

PRIMEIRO LIVRO DE SAMUEL, 25, 1-38

Talvez, hoje, isso equivalesse a um banquete de lagostas e camarões.

Tempere os camarões com sal e limão ou sumo de laranja. *(Veja em "Mistérios Gloriosos" como limpar camarões.)* Reserve-os. À hora de prepará-los, ponha na frigideira, sobre fogo brando, uma colher de sopa de manteiga.

Num copo de leite, dissolva uma colher de sopa de farinha de trigo. Despeje na frigideira.

Acrescente cogumelos e os camarões com o caldo de limão ou laranja. Ao ferver, reduza o fogo.

Adicione uma gema batida. Deixe cozinhar mais um pouco, até adquirir consistência pastosa, e despeje tudo numa vasilha refratária.

Na hora de servir, cubra com salsa seca e ervas para peixe, em especial coentro desidratado ou fresco.

Polvilhe com queijo parmesão ralado. Leve ao forno quente para gratinar durante quinze minutos.

SUGESTÃO: Sirva com arroz e vinho branco.

INGREDIENTES

camarão

sal

limão ou
sumo de laranja

manteiga

leite

farinha de trigo

cogumelo

ovo

salsa seca

ervas para peixe

coentro desidratado
ou fresco

parmesão

Eu sou o pão da vida.

Quem vem a mim não terá mais fome,

e quem acredita em mim

nunca mais terá sede.

JOÃO 6, 35

CAMARÕES NATALINOS

Quando Davi introduziu a Arca de Javé em Jerusalém, houve festas e celebrações, e ele "distribuiu a todo o povo e a toda a multidão de Israel, homens e mulheres, um pedaço de pão, um bolo de tâmaras e um doce de uvas passas para cada pessoa".

SEGUNDO LIVRO DE SAMUEL 6, 19

Quem reparte o pão partilha Deus.

Para dois comensais, cozinhe uma dúzia de camarões vermelhos ainda com casca, até a primeira fervura. Descasque-os, tempere com sal e limão ou sumo de laranja. *(Veja em "Mistérios Gloriosos" como limpar camarões.)*
Numa vasilha refratária, cubra-os com azeite encorpado.
Com a ponta afiada de uma faca, pique, à paciente moda chinesa, uma cabeça de alhos grandes. Doure no azeite quente e polvilhe sobre os camarões.
Cubra todo o prato com um tapete de salsa seca (desidratada) previamente hidratada numa xícara de vinho branco. Salpique molho de pimenta e regue com mais azeite. Leve ao forno quente por quinze minutos.

Acompanha arroz. Quando este estiver quase cozido, acrescente um vidro pequeno de leite de coco. Ao desligar o fogo, polvilhe-o com bastante queijo parmesão ralado. Deixe tampado, para que o queijo desmanche.
À mesa, sirva primeiro os camarões, distribuindo-os entre os comensais.
Em seguida, transfira o arroz para a vasilha refratária em que estavam os camarões, mexendo-o bem para que absorva todo o molho.
Sirva.

SUGESTÃO: Caso sejam muitos os comensais, misture na travessa que vai à mesa o arroz e os camarões.

INGREDIENTES

camarão

sal

limão ou
sumo de laranja

azeite encorpado

alho

salsa seca (desidratada)

vinho branco

molho de pimenta

leite de coco

parmesão

É melhor comer

um pedaço de pão seco,

tendo paz de espírito,

do que ter um banquete

numa casa cheia de brigas.

PROVÉRBIOS 17, 9

CAMARÕES NA ABÓBORA À SANTA ISABEL

Para quatro comensais

Em troca da madeira que Hiram, rei de Tiro, enviou à construção do palácio de Salomão, este lhe remeteu "nove mil toneladas de trigo para o sustento de seu palácio, e nove mil litros de azeite virgem".

PRIMEIRO LIVRO DOS REIS 5, 25

Compre uma abóbora alta, grande, de cintura larga. Peça ao feirante para cortar a "tampa" e, ao trazê-la para casa, tenha o cuidado de colocar um plástico entre a "tampa" e a abóbora (caso contrário, ficarão coladas como se não tivesse sido feito o corte).

Em casa, retire as sementes da abóbora e lave-a. (Seque as sementes e torre-as; depois polvilhe com sal. Eis um bom tira-gosto.)

Em seguida, unte a abóbora com azeite por dentro e por fora. Leve-a ao forno destampada, para começar a amaciar. Deixe-a ali cerca de uma hora.

À parte, prepare o recheio de camarão.

Ferva um quilo de camarões grandes durante sete minutos e retire a casca e a cabeça. (*Veja em "Mistérios Gloriosos" como limpar camarões.*)

Regue-os numa frigideira com um pequeno cálice de azeite de dendê.

Adicione sete dentes de alho esmagados, três cebolas grandes picadas, coentro, salsa, cebolinha, sal e ervas de Provence, dois pimentões vermelhos picados, quatro tomates picados, orégano e molho de pimenta verde.

Deixe aferventar por quinze minutos.

Nesse meio-tempo, espete a abóbora com um garfo. Quando estiver macia, retire-a do forno.

Com uma colher grande, raspe a "carne", deixando-a dentro da abóbora. Jogue os camarões dentro. Misture com a "carne".

Derrame por cima meio copo de queijo cremoso. Leve a abóbora, sem "tampa", ao forno. Deixe por trinta minutos.

Retire e coloque a "tampa" da abóbora para levá-la à mesa.

Está pronto para servir, de preferência com arroz branco.

INGREDIENTES

abóbora
azeite
camarão
azeite de dendê
alho
cebola
coentro
salsa
cebolinha
sal
ervas de Provence
pimentão vermelho
tomate
orégano
molho de pimenta verde
queijo cremoso

Boa comida,

diante de boca fechada,

é como oferta de alimentos

em cima de um túmulo.

ECLESIÁSTICO 30, 18

PEIXE ASSADO À SÁBADO DE ALELUIA

Senaquerib, rei da Assíria, tentou corromper o povo hebreu, prometendo-lhe: "Façam as pazes comigo, rendam-se, e cada um poderá comer o fruto da sua vinha e da sua figueira, e beber água do próprio poço, até que eu venha e leve vocês para uma terra boa como esta, terra que produz trigo e vinho, terra de pão e videiras, terra de azeite e mel."

SEGUNDO LIVRO DOS REIS 18, 31-32

O povo, porém, não se deixou vencer pelo paladar. Em recompensa à fidelidade, Javé concedeu aos hebreus raízes, vinhas e frutos.

Deixe as postas de peixe (sugiro filé de linguado) em sal e limão por algumas horas. Basta uma posta para cada comensal.
Na hora de preparar, misture sal, um copo de requeijão (suficiente para oito postas) e uma caixa ou lata de purê de tomate, mexendo bem.

Nessa pasta, passe cada uma das postas e repouse-a em vasilha refratária. Derrame por cima o que sobrou da pasta, espalhando. Leve ao forno quente por vinte minutos.
Ao retirar, salpique alecrim e hortelã.

SUGESTÃO: Sirva com arroz temperado com alho, cebola e coentro.

INGREDIENTES

postas de peixe
(sugiro filé de linguado)

sal

limão

requeijão

purê de tomate

alecrim

hortelã

Você está sentado diante de uma farta mesa?

Não escancare a boca diante dela nem diga:

"Quanta coisa!"

Lembre-se: olhar ávido é coisa má.

ECLESIÁSTICO 31, 12

PEIXE À SÃO PELLEGRINO

Para dois comensais

"O meu povo praticou dois crimes: abandonaram a mim, fonte de água viva, e cavaram para si poços, poços rachados que não seguram a água."

JEREMIAS 2, 13

Renda graças ao Senhor, que criou toda a água e os seres que nela vivem, diante deste saboroso prato.

Tome duas postas de filé de linguado ou pescada. Tempere com o suco de duas laranjas. Acrescente ervas de Provence, hortelã, alecrim, alho batido no sal e molho de pimenta. Deixe descansar por uma hora.

Cubra com meia lata de purê de tomate e um vidro pequeno de leite de coco. Leve ao forno por vinte minutos. Retire.

Jogue o caldo numa frigideira sem as postas. Junte farinha e faça um pirão. Fatie uma manga sem fibra e sirva como acompanhamento. Se quiser, também com arroz.

INGREDIENTES

postas de filé de linguado ou pescada
laranja
ervas de Provence
hortelã
alecrim
alho
sal
molho de pimenta
purê de tomate
leite de coco
farinha de mandioca
manga

*E*u fui e pedi ao Anjo

que me entregasse o livrinho.

Ele falou: "Pegue e coma.

Será amargo no estômago,

mas na boca será doce como o mel."

Peguei da mão do Anjo o livrinho e o comi.

Na boca era doce como mel,

mas quando o engoli meu estômago

virou puro amargor.

APOCALIPSE 10, 9-10

PEIXE COM BRÓCOLIS À SÃO PEDRO

Para quatro comensais

*"Tobias, então, abriu o peixe e tirou o fel, o coração e o fígado.
Depois assou um pedaço, comeu e salgou o resto."*

TOBIAS 6, 5

As grandes figuras bíblicas já sabiam apreciar um bom peixe limpo e assado. Não engorda e é de rápida digestão.

Prepare este prato com filé de linguado, pescada ou pescadinha. Um ou dois filés para cada pessoa, dependendo da voracidade dos comensais.

Deixe o filé temperado, com limão e sal, cerca de duas ou três horas. Se quiser, acrescente uma pitada de alho em pó.

Numa vasilha, misture bem um vidro pequeno de leite de coco e um copo de requeijão. Estenda os filés numa vasilha refratária e cubra-os com esse molho pastoso. Leve ao forno quente por quinze minutos. Deixe outro tanto no forno com o fogo baixo.

Enquanto o peixe assa, misture numa panela ou frigideira cebola em rodelas, brócolis, alho-poró em rodelinhas, salsa e cebolinha picadas. Ponha um pouco de óleo de soja e tempere com sal, sal de aipo, manjericão e ervas de Provence. Tampe e deixe cozinhar.

Se preferir, sirva com arroz; mas bastam o peixe e os brócolis incrementados para arrancar suspiros dos comensais.

SUGESTÃO: Um vinho branco, gelado, cai muito bem como acompanhamento.

INGREDIENTES

filé de linguado,
pescada ou pescadinha

limão

sal

alho em pó

leite de coco

requeijão

cebola

brócolis

alho-poró

salsa

cebolinha

óleo de soja

sal de aipo

manjericão

ervas de Provence

Quem der,

ainda que seja

apenas um copo de água fria,

a um desses pequeninos,

por ser meu discípulo,

eu garanto a vocês:

não perderá a sua recompensa.

MATEUS 10, 42

DELÍCIAS DO MAR

PEIXE PASCAL AO VINHO

Para dois comensais

Quando se preparava para seduzir o general Holofernes, Judite entregou à sua serva "uma vasilha de vinho e uma jarra de óleo, encheu uma sacola com farinha de cevada, bolos de frutas secas e pães puros".

JUDITE 10, 5

Prepare também a sua provisão para seduzir o paladar alheio. Reserve quatro postas de filé de linguado ou duas de badejo. Tempere-as com sal e limão, após lavá-las apenas com água. Cubra com alecrim, salsa e cebolinha.

À parte, corte uma cebola grande, bem picada, e refogue em azeite com uma colherinha de café de alho moído.

Junte três copos de vinho tinto numa panela e adicione a cebola, dois tomates picados, um pimentão vermelho fatiado, duas gotas de molho de pimenta e sal.

Cozinhe em fogo brando até o molho ficar espesso. Derrame sobre o peixe. Deixe descansar cerca de uma hora para impregnar o tempero.

Leve ao forno, em temperatura média, por trinta minutos.

SUGESTÃO: Sirva com arroz ou pirão de espinafre.

INGREDIENTES

postas de filé de linguado
ou de badejo

sal

limão

alecrim

salsa

cebolinha

cebola

azeite

alho

vinho tinto

tomate

pimentão vermelho

molho de pimenta

Quando você jejuar,

perfume a cabeça e lave o rosto

para que os homens

não vejam que você está jejuando,

mas somente seu Pai,

que está escondido;

e seu Pai, que vê o escondido,

recompensará você.

MATEUS 6, 17-18

PESCADINHA ÀS SANTAS ERVAS

Para dois comensais

Enquanto Simão governou a Judeia, "cada um pôde cultivar em paz seus campos; a terra dava suas colheitas, e as árvores das planícies, seus frutos".

PRIMEIRO LIVRO DOS MACABEUS 14, 8

É uma bênção comer quando se sabe que reinam a paz e a justiça.

Tempere com sal e limão quatro filés de pescadinha *(pode-se usar também linguado)*. Numa panela ou vasilha de barro, sobre fogo brando, coloque duas colheres de sopa de azeite, duas cebolas picadas, uma colher de chá de alho amassado em sal, uma colher de chá de sal, duas cenouras raladas, uma abobrinha, cinquenta gramas de abóbora cozida e três tomates picados. Adicione os filés e, sobre eles, uma colher de chá de hortelã, de manjerona, de salsa, de cebolinha desidratadas e um molho de coentro picado. Deixe cozinhar bem ao fogo brando.

Depois, retire as postas e metade do molho e transfira para outra panela. Mantenha o fogo baixo. Cubra com alho-poró cortado em rodelas.
Polvilhe com farinha de mandioca crua o molho que ficou sem peixe, até fazer o pirão.
Sobre as postas, despeje um vidro pequeno de leite de coco. Deixe cozinhar por três minutos.

SUGESTÃO: Sirva em gamelinhas de barro com ou sem arroz.

INGREDIENTES

filés de pescadinha
ou linguado

sal

limão

azeite

cebola

alho

cenoura

abobrinha

abóbora

tomate

hortelã desidratada

manjerona desidratada

salsa desidratada

cebolinha desidratada

coentro

alho-poró

farinha de mandioca crua

leite de coco

B*eije-me com os*

beijos de sua boca!

Seus amores são

melhores do que o vinho.

CÂNTICO DOS CÂNTICOS, 1, 2

SUFLÊ DE BACALHAU AO DIVINO ESPÍRITO SANTO

Para quatro comensais

*"O primeiro mandamento é que vocês vivam no amor",
lembra a*

SEGUNDA CARTA DE JOÃO 1, 6

A boa mesa é aquela que se faz espaço de amor.

Nesse espírito amoroso, cozinhe meio quilo de bacalhau em cinco águas fervidas. Descarne-o, retirando a pele e as espinhas. Coloque numa vasilha refratária forrada com tomate picado ou em rodelas. Cubra-o com azeite, rodelas de cebola, alho-poró cortado em rodelinhas e batatas cozidas cortadas miúdas.
Acrescente ervas de Provence, alecrim e salsa seca.

À parte, no liquidificador, ponha, pela ordem: um copo d'água, duas colheres de sopa de leite em pó, uma colher de sopa de farinha de trigo, dois ovos, uma colherinha de café de fermento em pó e outra de sal. Bata tudo e derrame na vasilha com o bacalhau.
Leve ao forno quente até tostar.
Após retirar, aguarde dez minutos antes de servir para secar um pouco o suflê.
Se quiser polvilhe-o com queijo parmesão ralado e cubra com azeitonas.

SUGESTÃO: Sirva acompanhado de arroz.

INGREDIENTES

bacalhau
tomate
azeite
cebola
alho-poró
batata
ervas de Provence
alecrim
salsa seca
leite em pó
farinha de trigo
ovo
fermento em pó
sal
parmesão (opcional)
azeitona (opcional)

*E*xiste amigo

que é companheiro de mesa,

mas que não será fiel

quando você estiver na pior.

ECLESIÁSTICO 6, 10

TRUTA AO MESTRE ECKHART

Para dois comensais

"Nunca mais terão fome nem sede; nunca mais serão queimados pelo sol, nem pelo calor ardente. Pois o Cordeiro que está no meio do trono será o pastor deles; vai conduzi-los até as fontes de água da vida. E Deus lhes enxugará toda lágrima dos olhos."

APOCALIPSE 7, 17

Nessa esperança de salvação, lave bem três trutas e tempere-as com sal, limão e ervas de Provence. Deixe-as descansar por cinco horas.

Leve ao forno médio por uma hora, cobertas com um pouco de manteiga.
Retire a pele e as espinhas e coloque-as numa panela.

Faça um molho com uma lata de creme de leite (com soro), uma colherinha de café de sal, umas gotas de molho de pimenta, salsa, cebolinha e coentro, bem picadinhos. Mergulhe a truta. Se necessário, ponha um pouco de água. Mexa e deixe assar em forno brando por vinte minutos. Ao retirar do forno, acrescente duas colheres de sopa de passas sem caroços.

SUGESTÃO: Sirva com arroz.

INGREDIENTES

~

truta

sal

limão

ervas de Provence

manteiga

creme de leite

molho de pimenta

salsa

cebolinha

coentro

passas sem caroços

Sustentem-me

com bolos de passas,

deem-me forças com maçãs, oh!

que estou doente de amor...

. . . .
CÂNTICO DOS CÂNTICOS 2, 5

TRUTA À SANTA MATILDE

"Felizes os que têm fome e sede de justiça, porque serão saciados",
proclama Jesus no Sermão da Montanha.

MATEUS 5, 6

Atento a esta palavra, lave bem a truta, retirando toda a baba da pele, e enxugue com papel absorvente. Tempere-a com sal, limão, ervas de Provence e alecrim.

Forre um refratário com manteiga e cebola em fatias. Coloque a truta. Cerque-a de batatinhas previamente cozidas. Deixe em forno quente por trinta minutos.

Ao retirar, jogue todo o caldo numa panela e misture-o com uma caixa ou lata de creme de leite (sem soro).
Deixe aquecer por dois minutos, sem ferver. Despeje sobre a truta e sirva.

SUGESTÃO: Acompanha arroz branco.

INGREDIENTES

truta

sal

limão

ervas de Provence

alecrim

manteiga

cebola

batatinha

creme de leite
(sem soro)

Seu umbigo... essa taça redonda

onde o vinho nunca falta.

Seu ventre, monte de trigo

rodeado de açucenas.

CÂNTICO DOS CÂNTICOS 7, 3

TRUTA À SÃO NICOLAU

*"A sogra de Simão estava de cama, com febre, e logo eles contaram isso a Jesus.
Jesus foi aonde ela estava, segurou sua mão e ajudou-a a se levantar.
Então a febre deixou a mulher, e ela começou a servi-los."*

MARCOS 1, 30-31

Nesse espírito de serviço da sogra de Pedro, tempere uma truta lavada apenas com limão e um pouco de sal. Deixe impregnar. Cozinhe-a no forno ou ao vapor.

À parte, faça um molho com três dentes de alho bem picados e fritos no azeite, duas cebolas em rodelas refogadas, três castanhas-do-pará picadas, dois tomates picados refogados, molho de pimenta, cheiro-verde e um vidro pequeno de leite de coco.

Deixe cozinhar, refogando a truta sem pele e espinha.

SUGESTÃO: Sirva com arroz e/ou purê de batatas.

INGREDIENTES

truta
limão
sal
alho
azeite
cebola
castanha-do-pará
tomate
molho de pimenta
cheiro-verde
leite de coco

De tudo o que vier da água,

vocês poderão comer todos

os que têm barbatanas e escamas.

• • • • • • • • • •

DEUTERONÔMIO 14, 9

TRUTA À TODOS OS SANTOS

*"As multidões perguntavam a João: 'O que devemos fazer?'
Ele respondia: 'Quem tiver duas túnicas, dê uma a quem não tem.
E quem tiver comida, faça a mesma coisa.'"*

LUCAS 3, 10-11

Agradar a Deus é fazer justiça ao próximo.

Nesse espírito, após descongelar a truta defumada, deixe-a cozinhando na água até quase ferver para tirar o excesso de sal. Em seguida, ponha para secar.

Prepare o molho com cebola picada frita na manteiga, alho socado, castanha-do-pará picada, cogumelos, azeite, alecrim e ervas para peixe. Junte uma colher de suco de limão. Cozinhe em fogo brando.

Pronto o molho, regue a truta numa frigideira até que ela fique cozida dos dois lados.

Retire a espinha e a pele e sirva com arroz misturado com uma ou duas maçãs picadas.

INGREDIENTES

truta defumada
cebola
manteiga
alho
castanha-do-pará
cogumelo
azeite
alecrim
ervas para peixe
limão
maçã
sal

S eus lábios

são favo escorrendo,

ó noiva minha.

Você tem leite e mel

sob a língua.

CÂNTICO DOS CÂNTICOS 4,11

DELÍCIAS DO MAR

Delícias
do
Ar

CONSOMÊ DE OVO ORTODOXO

*"Os discípulos insistiam com Jesus, dizendo:
'Mestre, coma alguma coisa.' Jesus disse:
'Eu tenho um alimento para comer que vocês não conhecem.'"*

JOÃO 4, 31-32

Aberto à busca desse alimento para a vida eterna, polvilhe com queijo parmesão ralado o fundo de uma pequena vasilha refratária.

Derrame meio copo de leite e, sobre ele, quebre um ovo caipira (ou mesmo de granja), com cuidado, para a gema não se desfazer.

Torne a polvilhar com queijo ralado e farinha de rosca.
Leve ao forno bem quente, deixando cerca de vinte minutos.
Podem-se adicionar também pequenos cubinhos de presunto e, por cima, ervas de Provence.

INGREDIENTES

parmesão
leite
ovo
farinha de rosca
presunto
ervas de Provence

Pegue flor de farinha

e asse com ela doze pães

de oito litros cada um.

Coloque-os, depois, em duas fileiras

de seis sobre a mesa de ouro puro,

que está diante de Javé.

Coloque incenso puro sobre cada fileira.

Isso será o alimento oferecido como memorial,

como oferta queimada para Javé.

LEVÍTICO 24, 5-7

COQ AU VIN À BELÉM

Para seis comensais

*"Veio o Filho do Homem, que come e bebe, e dizem:
'Ele é um comilão e beberrão, amigo dos cobradores de impostos e dos pecadores.'"*

MATEUS 11, 19

Nunca se deve julgar o próximo.

Embora este prato leve o nome de *coq*, galo em francês, aconselho o costume brasileiro: prepará-lo com frango ou galinha.

Numa vasilha grande, prepare uma vinha-d'alhos, juntando uma colher de sopa de sal, outra de molho de pimenta, seis folhas de louro, um ramo de alecrim fresco, três cebolas grandes picadas, três dentes de alho amassados, uma colher de sopa de orégano desidratado e cinco cravos-da-índia. Regue com duas garrafas de vinho tinto seco. Mexa.

Lave um frango de cerca de um quilo e seiscentos gramas, sem cabeça e miúdos, cortado nas juntas. Se preferir, faça um peito de frango para cada comensal.

Mergulhe os pedaços do frango na vinha-d'alhos e deixe por uma noite (se estiver calor, guarde na parte de baixo da geladeira). Três ou quatro horas antes da refeição, separe os pedaços de frango e coe a vinha-d'alhos. Reserve o caldo. Se quiser, guarde os temperos para serem usados em outros pratos (como no preparo de molhos para salada ou do arroz).

Numa panela bem seca, deixe fritar uma xícara de chá de toucinho defumado picado em quadradinhos. Quando estiverem tostados, separe-os, sem a gordura.

Na gordura aquecida – se preciso, adicione manteiga –, frite os pedaços de frango, deixando-os dourar. Repouse os pedaços fritos sobre um papel absorvente e polvilhe-os com farinha de trigo.

Ao final, devolva-os à panela da fritura, deixe fritarem mais um pouco e despeje por cima o molho de vinho. Junte um pacote de duzentos gramas de cogumelos frescos, cortados em lâminas.

Deixe cozinhar uma hora, em fogo brando. Antes de servir, apague o fogo, acrescente uma lata de creme de leite (sem soro) e seis ramos de salsa fresca. Misture bem.

SUGESTÃO: Sirva por cima do arroz.

INGREDIENTES

frango

molho de pimenta

louro

alecrim

cebola

sal

alho

orégano desidratado

cravo-da-índia

vinho tinto seco

toucinho defumado

farinha de trigo

cogumelo

creme de leite

salsa

Não coma nada

que seja abominável.

São estes os animais

que vocês poderão comer:

boi, carneiro, cabra, cervo, gazela,

gamo, cabrito montês, antílope,

órix e cabra selvagem.

DEUTERONÔMIO 14, 3-5

FRANGO À BEATA DIANA DE ANDALÓ

Para quatro comensais

Neemias conta que, quando era governador de Judá, "à minha mesa comiam cento e cinquenta, entre pessoas importantes e chefes, além de outras pessoas dos povos vizinhos que nos vinham visitar. Todo dia, na minha casa, eram preparados um boi, seis ovelhas gordas e muitas aves. De dez em dez dias se renovava com fartura o estoque de toda espécie de vinho. E, com isso tudo, eu nunca cobrei a manutenção de governador, pois o encargo de impostos já pesava muito sobre o povo".

LIVROS DE NEEMIAS 5, 17-18

Governador, Neemias não se fartava à custa do trabalho alheio.

Refogue os temperos picados: duas castanhas-do-pará, duas cebolas, ervas de Provence, manjericão, manjerona, um ramo de alecrim, estragão e segurelha.
Dentro de um frango inteiro, ponha alho, sal e duas cebolas grandes picadas.
Numa gamela, ponha os temperos refogados, uma garrafa de vinho tinto e mergulhe o frango, deixando-o impregnar-se pelo menos doze horas. Vire-o de vez em quando.

Retire-o e, sem o caldo, asse-o no forno até ficar bem tostado.
Retire toda a pele, pois é nela que se concentra a gordura do frango. *(Mantenha baixo o seu colesterol!)* Destrinche-o e afogue os pedaços no caldo coado (o restante pode ser aproveitado em molho de salada). Leve ao fogo, deixando-o cozinhar.
Ao apagar o fogo, acrescente uma caixa ou lata de creme de leite (sem soro) e mexa bastante.

SUGESTÃO: Sirva com arroz temperado no açafrão.

INGREDIENTES

frango
castanha-do-pará
cebola
ervas de Provence
manjericão
manjerona
alecrim
estragão
segurelha
alho
sal
cebola
vinho tinto
creme de leite

E lias abriu os olhos

e viu bem perto da cabeça

um pão assado sobre pedras quentes

e uma jarra de água.

Comeu, bebeu

e deitou-se outra vez.

I REIS 19, 6

FRANGO À NOVIÇA GULOSA

*"E mandou dar comida para a menina", conclui São Marcos,
após narrar o modo como Jesus curou a filha de Jairo.*

MARCOS 5, 43

Nossa vida depende do dom de Deus e do alimento que vem da terra. Uma coisa completa a outra.

Asse um frango, inserindo previamente nele uma cebola inteira (ou duas, ou três pequenas), uma colher de sopa de margarina ou manteiga e outra de sal.
Ao esfriar, desosse-o em pedaços grandes. Corte-os em quadrados.
Numa frigideira com óleo quente, frite duas batatas cortadas em rodelas finas, salpicando um pouco de sal. Separe.

Numa panela, ponha quatro colheres de sopa de manteiga ou margarina. Ao desmanchar, adicione duas cebolas em rodelas. Ao dourarem, regue com duas xícaras de chá de água e junte o frango.
Acrescente três colheres de sopa de *shoyu*, dois cravos, uma colher de chá de sal e uma colherinha de café, bem cheia, de açúcar. Rale, por cima, uma pitada de noz-moscada.
Após quinze minutos de cozimento, adicione as batatas fritas.

SUGESTÃO: Sirva com arroz branco.

INGREDIENTES

frango
cebola
margarina ou manteiga
sal
batata
óleo
shoyu
cravo-da-índia
açúcar
noz-moscada

Vocês podem comer todas as aves puras.

DEUTERONÔMIO 14, 11

DELÍCIAS DO AR

FRANGO À SANTA GENOVEVA

Para quatro comensais

"Permaneçam nessa mesma casa, comam e bebam do que tiverem, porque o trabalhador merece o seu salário."

LUCAS 10, 7

Comer é um direito de quem recebe e uma dádiva de quem partilha.

Asse um frango, no forno, sem temperos. Coloque-o depois numa panela com água e ferva, escorrendo-o depois, para tirar toda a gordura. Desosse-o.
Numa frigideira, refogue alho, cebola, alecrim, manjericão, ervas de Provence, molho de pimenta, sal e uma colher de chá de *curry*. Adicione um tablete de caldo de *bacon*.

Deixe curtir. Mexa de vez em quando.
Separe um terço do tempero para refogar o arroz, acrescentando uma colher de chá de açafrão.
Misture o restante do tempero ao frango e deixe em fogo brando por meia hora, juntando, ao final, passas sem caroço.

INGREDIENTES

frango
alho
cebola
alecrim
manjericão
ervas de Provence
molho de pimenta
sal
curry
tablete de caldo de *bacon*
açafrão
passa sem caroço

Então você clamará

e Javé responderá;

você clamará por socorro e Javé responderá:

"Estou aqui!" Isso, se você tirar

do seu meio o jugo,

o gesto que ameaça e a linguagem injuriosa;

se você der o seu pão ao faminto

e matar a fome do oprimido.

ISAÍAS 58, 9-10

FRANGO À SANTA TERESA DE ÁVILA

"Os discípulos tinham ido à cidade para comprar mantimentos."

JOÃO 4, 8

Também o grupo de Jesus precisava de alimentos para se manter.

Ferva uma vez um frango.

Mergulhe-o vinte e quatro horas em um molho feito com dois copos de vinho tinto, duas folhas de louro, quatro cravos, salpicando-o de manjericão, salsa, ervas de Provence e alecrim. Vire-o de vez em quando. Ao tirá-lo do molho, ponha dentro dele uma colher de sopa cheia de sal, um limão cortado em quatro e cebolas inteiras. Leve ao forno quente até dourar.

Retire-o e desosse-o, devolvendo-o ao molho. Corte as cebolas em quatro. Deixe cozinhar bem.

Desmanche, em um copo com um terço de água, uma colher de chá de *curry*, e regue o frango. Deixe cozinhar mais um pouco.

SUGESTÃO: Sirva com fatias de manga sem fibra. Acompanha arroz ou angu.

INGREDIENTES

frango
vinho tinto
folha de louro
cravo-da-índia
manjericão
salsa
ervas de Provence
alecrim
sal
limão
cebola
curry
manga

P*or educação,*

acabe primeiro e não seja guloso,

para que não o desprezem.

ECLESIÁSTICO 31, 17

FRANGO À SÃO JERÔNIMO

"Ao cair da tarde, Jesus chegou com os Doze. Enquanto estavam à mesa comendo..."

MARCOS 14, 17-18

Partilhar o alimento com quem se gosta é um gesto de comunhão.

Nessa disposição, corte peitos de frango em cubos.

Em uma panela com óleo bem quente, ponha duas cebolas picadas, dois dentes de alho amassados em sal e deixe dourar.

Acrescente os cubos de frango, uma xícara de tomates picados, uma colher de sopa de suco de limão, uma colher de sopa de gengibre ralado, uma xícara de iogurte natural, uma colher de chá de *curry* e uma xícara de chá de água.

Deixe no fogo brando até o frango cozinhar bem.

Se preferir, adicione um pouco de molho de pimenta.

SUGESTÃO: Sirva com arroz.

INGREDIENTES

peito de frango
cebola
alho
sal
tomate
limão
gengibre
iogurte natural
curry
molho de pimenta

Dei leite para vocês beberem,

não alimento sólido,

pois vocês não o podiam suportar.

I CORÍNTIOS 3, 2

FRANGO À SÃO JOÃO DA CRUZ

"Jesus apareceu aos onze discípulos enquanto estavam comendo."

MARCOS 16, 14

Jesus fez da refeição um sacramento – a eucaristia. Mesa = missa.

Após lavar um frango, ferva-o, sem nenhum tempero, para livrá-lo do ranço da pele. Dentro, coloque uma ou duas cebolas nuas e costure-o. As cebolas, além de iniciarem o processo de tempero, facilitam desossá-lo quando estiver assado. Leve ao forno quente.

Uma vez assado, desosse-o, mergulhando os pedaços de carne numa infusão de vinho tinto temperada com folhas de louro, cravos, ervas de Provence, manjerona, manjericão e orégano.

Deixe descansar por três horas, virando-o de vez em quando.

Coe, para retirar os cravos e as folhas de louro, e leve ao fogo brando.

Acrescente mais vinho, se necessário, mas não cubra toda a carne.

Rale sobre ele uma colherinha de café de noz-moscada.

Adicione uma colher de sopa de *curry*.

Pique por cima duas ou três castanhas-do-pará.

À parte, deixe fritar meia xícara de chá de toucinho defumado cortado em quadradinhos (não ponha gordura na frigideira. Ela virá do próprio toucinho).

Quando estiverem crocantes, adicione uma cabeça de alho picado, sal e molho de pimenta. Ao começar a dourar, acrescente duas cebolas grandes cortadas a gosto. Pique também as cebolas que foram ao forno com o frango.

Junte o frango, mexendo bem.

Adicione dois vidros pequenos de leite de coco.

SUGESTÃO: Sirva com arroz e lascas de manga sem fibra.

INGREDIENTES

frango
cebola
vinho tinto
louro
cravo-da-índia
ervas de Provence
manjerona
manjericão
orégano
noz-moscada
curry
castanha-do-pará
toucinho defumado
alho
sal
molho de pimenta
cebola
leite de coco
manga

Paulo tomou o pão,

deu graças a Deus diante de todos,

partiu-o e começou a comer.

ATOS 27, 35

Delícias
do
Açúcar

BOLO CREMOSO À PASTORAL OPERÁRIA

Num curso de Comunicação e Expressão da Pastoral Operária de São Bernardo do Campo, em julho de 1991, à hora do lanche senti derreter em minha boca um delicioso bolo de fubá.

Eis a receita da companheira Eliana Aparecida Sampaio de Souza: misture, no liquidificador, duas xícaras de chá de leite, três ovos, uma xícara de chá de fubá, duas de açúcar, uma colher de sopa de fermento em pó e cinquenta gramas de queijo parmesão ralado.

Bata bem e derrame em uma forma de bolo, untada. Leve ao forno quente.
Em trinta ou quarenta minutos a delícia está pronta.

Deixe esfriar e retire da forma. *(Veja como fazê-lo em "Mistérios Gloriosos".)*

INGREDIENTES

leite

ovo

fubá

açúcar

fermento em pó

parmesão

manteiga
ou margarina

Quer vocês comam ou bebam,

ou façam qualquer outra coisa,

façam tudo para a glória de Deus.

I CORÍNTIOS 10, 31

DELÍCIAS DO AÇÚCAR

BOLO SÃO TOMÉ

"Eles disseram a Jesus: 'Os discípulos de João, e também os discípulos dos fariseus, jejuam com frequência e fazem orações, mas os teus discípulos comem e bebem.'"

LUCAS 5, 33

É o amor, e não a exibição ascética, que o Senhor nos exige.

Este bolo é ver – e comer – para crer.
Ao tentar fazer um bolo, me saiu outro, sem dúvida mais saboroso que o primeiro. Assim, aprende-se que muitas receitas surgem do equívoco, como ocorreram a inúmeras descobertas químicas.
Quem sabe o tutu não tenha resultado de um pote de farinha que se derramou sobre a panela em que se cozinhava o feijão?
Junte, numa frigideira, trezentos gramas de açúcar e uma xícara de chá de água. Acrescente uma colher de sopa de manteiga ou margarina e cem gramas de queijo de minas semicurado, ralado.
Mexa e deixe ao fogo brando até formar um mingau. Retire e ponha para esfriar.
Ao esfriar, derrame-o no liquidificador, acrescentando: dois copos de água, duas colheres de sopa de leite em pó, três colheres de sopa de fubá, uma colher de chá de fermento em pó, cinquenta gramas de queijo parmesão ralado.
Bata tudo e vire na forma untada, levando ao forno quente.
Quando crescer e amorenar, está pronto.

INGREDIENTES

açúcar

manteiga ou margarina

queijo de minas semicurado

leite em pó

fubá

fermento em pó

parmesão

N ão se embriaguem com vinho,

que leva para a libertinagem,

mas busquem a plenitude do Espírito.

EFÉSIOS 5, 18

MOUSSE DE FRUTA AO ARCANJO GABRIEL

Para oito comensais

*"Já vim ao meu jardim, minha irmã, noiva minha,
colhi minha mirra e meu bálsamo, comi meu favo de mel,
bebi meu vinho e meu leite."*

CÂNTICO DOS CÂNTICOS 5,1

Esta delícia pode ser feita com suco de (em ordem de minha preferência) manga, pêssego, goiaba ou maracujá.

Ponha no liquidificador dois copos americanos de suco. Adicione uma lata ou caixa de leite condensado e outra de creme de leite *light*. Em dois dedos de água morna, dissolva um pacote de gelatina incolor.

Agite com o garfo até desmanchar por completo. Despeje no liquidificador. Bata bem. Distribua em tacinhas ou ponha numa travessa, e leve à geladeira por duas horas, no mínimo.

Pode-se enfeitar a *mousse* com lascas da fruta escolhida.

INGREDIENTES

suco de manga,
pêssego, goiaba
ou maracujá

leite condensado

creme de leite *light*

gelatina incolor

I rmãos, quando vocês

se reúnem para a Ceia,

esperem uns pelos outros.

Se alguém tem fome,

coma em sua casa.

I CORÍNTIOS 11, 33-34

MOUSSE DE LARANJA AO CÉU DA BOCA

Para seis comensais

"Levi preparou, em casa, um grande banquete para Jesus.
Estava aí numerosa multidão de cobradores de impostos
e outras pessoas sentadas à mesa com eles."

LUCAS 5, 29

Jesus não temia comer em companhia de pessoas que não eram bem vistas pela sociedade.

Desprovido de preconceitos, prepare este banquete para o paladar: ponha três colheres de sopa de açúcar em um copo de suco de laranja.
Em um copo de água filtrada, morna, desmanche um pacote de gelatina incolor e meio pacote de gelatina vermelha.
Bata as claras de três ovos até ficarem em neve.

À parte, misture as gemas com uma colher de chá de açúcar e bata bem.
Adicione a esta gemada o suco de laranja e o caldo de gelatina. Misture bem.
Junte tudo às claras em neve e bata mais um pouco.
Derrame em tacinhas de sorvete ou numa vasilha e deixe na geladeira até a hora de servir.

INGREDIENTES

açúcar
suco de laranja
gelatina incolor
gelatina vermelha
ovo

Para quem tiver sede,

eu darei a graça

da fonte de água viva.

APOCALIPSE 21, 6

OVOS NEVADOS À SANTA HELENA

Para quatro comensais

"Seis dias antes da Páscoa, Jesus foi para Betânia, onde morava Lázaro, que ele havia ressuscitado dos mortos. Aí ofereceram um jantar para Jesus. Marta servia e Lázaro era um dos que estavam à mesa com Jesus."

JOÃO 12, 1-2

Nessa alegria de comer em companhia dos amigos, separe três claras e duas gemas. Bata bem as claras, sem deixar que sejam tocadas por qualquer objeto úmido. Para que as claras fiquem em neve, é importante que todos os utensílios estejam completamente secos.

Derrame uma lata de leite condensado numa panela. Use a lata vazia como medida, encha de leite ou água e derrame sobre o leite condensado da panela. Leve ao fogo brando e mexa bem, com colher de pau.

Quando a mistura ferver, reduza o fogo e, aos poucos, com uma colher de metal bem seca, ponha sobre ela "bolotas" de claras em neve. Não deixe a colher de metal tocar no creme.

Deixe cada "bolota" sobre a fervura (reduza o fogo se ameaçar derramar) cerca de quinze segundos. Vire com colher de pau. Deixe mais quinze segundos.

Ponha a "bolota" cozida na vasilha que irá à mesa.

Assim, sucessivamente, passe todas as claras em neve pela calda fervente, até que todas as "bolotas" estejam na vasilha ao lado.

Com um garfo bem seco, bata as duas gemas. O suficiente para que fiquem desmanchadas e apresentem, por cima, pequenas bolinhas.

Em seguida, derrame a calda de gema em fios delgados – a uma altura de três palmos sobre a panela – na mistura do leite condensado. Vá mexendo com a colher de pau. Ao terminar, tem-se a calda do doce. Regue com ela as "bolotas" em neve.

Polvilhe com canela em pó.

Deixe esfriar e, em seguida, guarde na geladeira até a hora de servir.

INGREDIENTES

~

leite condensado

leite

ovo

canela em pó

"Criatura humana,

que seu estômago e sua barriga

se saciem com este rolo escrito

que estou lhe dando."

Eu comi e pareceu doce como mel

para o meu paladar.

EZEQUIEL 3,3

DELÍCIAS DO AÇÚCAR

Revelações

MISTÉRIOS GLORIOSOS

☾ A goiabada, quanto mais vermelha, melhor a qualidade. Desconfie da pureza quando for muito escura. Jamais guarde na geladeira, na qual perde o sabor. Ela não atrai formigas ou baratas e dura meses. Nesse caso, uma vez por semana deixe-a ao sol para não melar.

☾ Para conservar frescos os limões partidos, coloque-os na geladeira com a parte cortada virada de boca num pires com um pouco de água.

☾ Na geladeira, acomode os ovos de modo que a ponta mais fina fique para cima. Assim, durarão mais.

☾ Use sempre uma mesma faca para cortar cebolas, pois elas tiram o corte.

☾ Ao aquecer óleo para frituras, jogue dentro um palito de fósforo apagado. Quando acender é sinal de que o óleo está no ponto.

☾ Lave bem, com bastante água, o queijo de minas fresco, antes de parti-lo. Para conservá-lo melhor, vire-o a cada vinte e quatro horas, de modo que os dois lados fiquem em contato com o soro.

☾ Para espantar formigas doceiras, pique um pouco de fumo sobre a trilha delas.

☾ Abacate pode ser conservado no *freezer*, desde que partido ao meio quando maduro e revestido com papel laminado. Deixe o caroço numa das metades.

☾ Conserve as farinhas de trigo e de mandioca no *freezer* em pequenos potes.

☾ Verifique a pureza do leite mergulhando a ponta de uma agulha de aço. Se a gota do leite aderir à ponta, é bom sinal, pois se houver mistura de água no leite este não adere ao aço.

☾ Não precisa ferver antes a água do arroz. Refogue o arroz lavado, mexendo bem, e ponha água fria até cobri-lo. Mexa uma vez e deixe a panela aberta em fogo alto. Quando ferver, reduza o fogo ao mínimo e tampe a panela. Quando a água evaporar (não confundir com "secar"), o arroz estará pronto e soltinho.

☾ Para engrossar o feijão, cozinhe-o sem tampa, com água pela metade. Quando a água reduzir, adicione sempre água fria.

Para retirar o bolo da forma, deixe esfriar, emborque-o sobre o prato e, com o cabo da faca, dê umas batidinhas no fundo da forma.

Sobre a salada verde, espalhe pequenas tiras de *bacon* bem frito ou lascas de queijo parmesão. Dá um sabor inusitado.

Nunca corte limão sob o sol. Suas mãos ficarão queimadas. Lave imediatamente as mãos após lidar com o limão.

A rama da mandioca, batida no liquidificador depois de seca ao sol, possui altíssimo valor nutritivo, sobretudo para crianças subnutridas. Misture-a na comida.

A folha de mandioca é rica em vitamina A, ferro e cálcio. Porém, atenção ao prepará-la: ferva-a quatro vezes, deixe secar à sombra, em local bem ventilado, para retirar as toxinas. Em seguida, moa no pilão, na peneira ou no liquidificador.
Uma vez ao dia, misture uma colher de chá dessa farinha de folha de mandioca, por comensal, em alimentos como feijão, suflê, arroz, farofa ou saladas.

O lugar de folhas, talos, cascas e sementes é o prato, e não o lixo. A grande maioria da população desconhece o valor nutritivo dos alimentos e, por falta de informação, joga fora as partes mais ricas.

Um pepino cru, com casca, contém quase cinco vezes mais cálcio do que sem casca.

Não corte a casca da cenoura, apenas lave e raspe com a faca, preservando seu valor nutritivo. Coma-a, de preferência, crua.

Não jogue fora folhas de cenoura, beterraba, batata-doce, nabo, couve-flor, abóbora, mostarda, hortelã e rabanete. São ótimas para a saúde.

Lave os vegetais em bastante água corrente, esfregando-os levemente com uma escovinha, para tirar resíduos e impurezas. Deixe-os de molho em água filtrada ou fervida, misturada com um pouco de vinagre e uma colherinha de bicarbonato, eliminando assim as bactérias e evitando doenças como a cólera.

Para aproveitar o valor nutritivo das cascas, acostume-se a cozinhar no feijão tubérculos como inhame, aipim, batata e beterraba.

Não pique ou corte com faca folhas de alface, couve e outras verduras. Retalhe-as com as mãos, pois a lâmina da faca costuma oxidar o alimento, exceto as lâminas de aço inoxidável.

Lave as cascas de ovo e ponha no forno para tostar. Bata no liquidificador, a seco. Essa farinha é um alimento de alto valor nutritivo, sobretudo para as crianças carentes de cálcio. Misture-a no feijão.

❨ Folhas e ramas de ervas coadas de molhos podem ser aproveitadas para se preparar uma ótima infusão própria para temperar saladas: ponha-as num vidro e acrescente cebolas picadas, uma colher de sopa de sal, azeite e vinagre.
Agite antes de usar.

❨ Deixe preparado, na geladeira, este excelente molho para saladas: num vidro, junte cebolas picadas (até encher a metade do recipiente) e cheiro-verde. Adicione uma colher de sopa de alho amassado no sal, outra de *shoyu*, uma colherinha de café de molho de pimenta, o suco de três limões e ervas de Provence. Encha com azeite e vinagre.
Agite antes de usar.

❨ Evite descascar os camarões antes de uma breve fervura, pois perde-se boa parte da carne. O tempero básico de camarões é sempre sal, sumo de limão ou laranja e, se quiser, alho.

❨ Para melhor despir os camarões de seu solene fraque, lave-os, mergulhe-os em água e retire-os quando a água ameaçar ferver (ou quando, pressentindo a iminente nudez, eles ficarem rubros de

vergonha). Assim, perde-se menos carne do que quando são limpos crus.
Resfrie-os sob a torneira e retire o fraque, a começar pela cabeça. Na cauda, quebre delicadamente a casca firmando as unhas dos polegares, de modo a retirá-la sem mutilar o crustáceo.
Não perca tempo tirando tripas. Elas desaparecem no cozimento geral e, como hoje em dia ninguém mais morre de nó das tripas, só fazem bem à saúde...
Contudo, se insiste em retirar as tripas, faça-o com uma agulha fina de crochê.

❨ Nunca beba vinho e, em seguida, cerveja. Siga a ordem alfabética: se quiser misturar, primeiro cerveja e, depois, vinho.
Entre uma bebida alcoólica e outra, ou um copo e outro, é aconselhável beber água.

❨ Vinho branco deve ser tomado o quanto antes, de preferência gelado, mas sem exagero. Ao contrário do vinho tinto, em geral o branco perde o sabor e o aroma quando guardado por mais de três anos. Sua coloração ideal é o amarelo palha ou vaticano. Quando apresenta cor dourada, é sinal de que já passou do ponto. Nesse caso, use-o para temperos.

❨ Vinho tinto, quanto mais velho, melhor, se bem guardado. A garrafa deve ficar deitada, de modo a que o líquido

encoste na rolha, impedindo a formação de gases que estragam a bebida.
Entre os viticultores franceses se diz que "o branco é vinho de um inverno; o tinto, de dois".

(No restaurante, nunca prove o vinho servido sem deixá-lo "respirar" ao menos dois minutos. Se não for possível, agite o copo antes de tomá-lo, para espantar os voláteis. Aquela prova que o garçom oferece é, de fato, a pior parte do vinho, pois nela se acumularam os gases quando a garrafa foi posta na vertical.

(Uma garrafa de vinho tinto deve permanecer sem rolha antes e durante o seu consumo, para favorecer a "respiração" da bebida.

(A melhor maneira de se evitar dor de cabeça ou ressaca no dia seguinte à bebedeira é tomar bastante água antes de dormir. E não beber de estômago vazio.

MISTÉRIOS GOZOSOS

☾ O sono saudável depende do estômago moderado: a pessoa se levanta cedo e com boa disposição. A gula é sempre acompanhada por mal-estar, insônia, náusea e cólica.

☾ Ouça o próprio corpo. Ele também fala. Quando agredido, grita: diarreia, vômitos etc. Quando tratado com desrespeito, reage de maneira sutil: o estômago dilata, o peso aumenta, as gorduras inflam, o espírito torna-se irritadiço, a sonolência embriaga.
Coma e beba moderadamente. Levante da mesa sem estar plenamente saciado. Corpo e espírito agradecerão.

☾ Acostume-se a mastigar lenta e demoradamente. A saliva é a usina que tritura o alimento. Caso contrário, o estômago se verá forçado a fazer um trabalho de que a boca se omitiu.

☾ À mesa, aposte consigo mesmo que você será o último a terminar o prato.

☾ Ao beber uísque ou outro destilado que exige cubos de gelo no copo, tente só terminar a dose depois de o gelo derreter.

☾ Não generalize o que lhe faz bem. Se você gosta de carne vermelha, retraia

o colonialismo que há em si e não queira impor isso aos demais. Cada um deve saber discernir os alimentos que lhe caem bem ou mal.
Siga a recomendação de São Paulo: "Ora, se um alimento for motivo de queda para meu irmão, para sempre eu deixarei de comer carne, a fim de não causar a queda do meu irmão" (1 Coríntios 8, 13).

☾ Jesus parece não ter sido um adepto do vegetarianismo, a julgar pelos exemplos que utiliza em parábolas, como o churrasco que o pai mandou preparar para o filho pródigo (Lucas 15, 11-32).

☾ Sábio, Jesus sublinha – em Marcos 7, 18-19 – que impuro não é o que entra pela boca do homem, mas o que sai de seu coração. "Vocês não compreendem que nada do que vem de fora e entra numa pessoa pode torná-la impura, porque não entra em seu coração, mas em seu estômago, e vai para a fossa?" (Assim Jesus declarava que todos os alimentos eram puros.)

☾ Faz bem ao corpo e ao espírito jejuar uma vez por semana. Basta o café da manhã e, até o dia seguinte, só tomar líquidos. Mas lembre-se da palavra de Deus pela boca do profeta Isaías: "O jejum que eu quero é este: acabar com as prisões injustas, desfazer as correntes do jugo, pôr em liberdade os oprimidos e despedaçar qualquer jugo; repartir a comida com quem passa fome, hospedar em sua casa os pobres sem abrigo, vestir aquele que se encontra nu, e não se fechar à sua própria gente" (58, 6-7).

☾ Abstenha-se periodicamente daqueles alimentos de que você mais gosta. E seu espírito agradecerá.

☾ Não pense "estou com fome". Pense "agora, enfim, meu organismo está digerindo o que comi". Assim você dará tempo e espaço ao corpo. E se sentirá bem mais disposto.

☾ Acostume-se a rezar com as crianças antes da refeição, agradecendo a Deus o alimento e pedindo por aqueles que têm fome. Quem aprende a rezar aos oito anos conservará esse hábito aos oitenta. Pode-se, também, ler um texto bíblico.

*"É desagradável beber só vinho ou só água,
ao passo que vinho misturado com água
é agradável e gostoso."
O mesmo acontece numa obra literária,
na qual o tempero do estilo é um prazer
para o ouvido do leitor.
E assim termino.*

SEGUNDO LIVRO DOS MACABEUS 15, 39

Este livro foi impresso nas oficinas da
DISTRIBUIDORA RECORD DE SERVIÇOS DE IMPRENSA S.A.
Rua Argentina, 171 • Rio de Janeiro, RJ
no SISTEMA DIGITAL INSTANT DUPLEX *para a*
EDITORA JOSÉ OLYMPIO LTDA.